JANELA SOBRE O CAOS

CORNELIUS CASTORIADIS

Janela sobre o CAOS

Diretor Editorial:
Marcelo C. Araújo

Editores:
Avelino Grassi
Márcio F. dos Anjos

Coordenação Editorial:
Ana Lúcia de Castro Leite

Tradução:
Leandro Neves Cardin

Copidesque:
Bruna Marzullo

Revisão:
Leila Cristina Dinis Fernandes

Diagramação:
Juliano de Sousa Cervelin

Capa:
Alfredo Castillo

* Revisão do texto conforme o Acordo Ortográfico da Língua Portuguesa, em vigor a partir de 1º de janeiro de 2009

Título original: *Fenêtre sur le chaos*

27, rue Jacob, Paris VIe
ISBN 978-2-02-090826-9

Editora Idéias & Letras
Rua Pe. Claro Monteiro, 342 – Centro
12570-000 Aparecida-SP
Tel. (12) 3104-2000 – Fax (12) 3104-2036
Televendas: 0800 16 00 04
vendas@ideiaseletras.com.br
http//www.ideiaseletras.com.br

Dados Internacionais de Catalogação na Publicação (CIP)
(Câmara Brasileira do Livro, SP, Brasil)

Castoriadis, Cornelius
Janela sobre o caos / Cornelius Castoriadis; [tradução Leandro Neves Cardin]. - Aparecida, SP: Idéias & Letras, 2009.

Título original: *Fenêtre sur le chaos.*
Bibliografia.
ISBN 978-85-7698-027-8

1. Arte - Filosofia 2. Arte - Século 20 - Filosofia 3. Arte e sociedade I. Título.

09-00082 CDD-701

Índices para catálogo sistemático:
1. Arte: Filosofia 701

ADVERTÊNCIA

Os textos aqui reunidos foram escritos ou apresentados oralmente entre 1978 e 1992. Cornelius Castoriadis nunca pensou em reuni-los em um volume e, em nenhum momento, ele viu nestes textos embriões de um conjunto mais vasto. Por sua própria natureza eles são heterogêneos: contribuição a uma revista de ciências sociais, participação em uma mesa redonda, exposição em um colóquio, emissão de rádio, seminários... Todavia, se pareceu útil fazer um livro – à margem da série acabada de *As encruzilhadas do labirinto* e de *A criação humana*, cuja publicação começou em 1999[1] –, é, sobretudo, a fim de dar ao texto intitulado "Transformação social e mudança cultural", reunido de maneira um pouco arbitrária pelo autor na coletânea que preparava naquele momento, *O conteúdo do socialismo,*[2] o eco específico que ele não teve na época e que seguramente merece. Acrescentamos a esta reedição outros textos consagrados a temas conexos: algumas páginas de uma obra que se interessa, na verdade, por um outro tema, *Diante da guerra*, a que o próprio Castoriadis deu o subtítulo de "A Feiura e o ódio afirmativo do belo", assim como dois textos inéditos em livro, "O escritor e a democracia" e "Função da crítica". Acrescentamos igualmente a transcrição de uma entrevista radiofônica com Philippe Nemo, na France Culture, em 1982. O último texto, enfim, retoma dois seminários que Castoriadis apresentou em janeiro de 1992 na École des

[1] *Sur Le Politique de Platon* [Sobre O político de Platão] (1999), *Sujet et vérité dans le monde social-historique* [Sujeito e verdade no mundo social-histórico] (2002), *Ce que fait la Grèce. 1. D'Homère à Héraclite* [O que faz a Grécia. 1 De Homero a Heráclito] (2004), todos os três publicados pelas Éditions du Seuil.

[2] *Le contenu du socialisme* [O conteúdo do socialismo], Paris, UGE, "10/18", 1979, p. 413-439.

Hautes Études en Sciences Sociales sobre o belo e a obra de arte em sua relação com a significação e o sentido. Com graus de elaboração sem dúvida muito diversos, estes textos re-enviam à relação paradoxal que se trava entre o criador e a coletividade através da história e àquilo que tal relação é hoje.

Para fechar este volume, encontraremos um breve posfácio que permitirá orientar o leitor que procura prolongamentos destas reflexões na obra de Cornelius Castoriadis, com re-envios aos textos mais pertinentes a esse respeito, assinalando também algumas referências aos debates atuais sobre a crise da criação artística contemporânea.

Tomamos muito cuidado com a colocação em forma definitiva da entrevista radiofônica e dos seminários. Nossas intervenções na coletânea estão sempre assinaladas com colchetes "quebrados" < >.

E. E., M. G. e P. V.

Primeira Parte

1

TRANSFORMAÇÃO SOCIAL E CRIAÇÃO CULTURAL*

I have weighed these times, and found them wanting.

Que saibamos, os genes humanos não sofreram deterioração – pelo menos, ainda não. Mas sabemos que as "culturas", as sociedades, são mortais. Morte que não é necessariamente, e de maneira geral, instantânea. Sua relação a uma nova vida, da qual ela pode ser a condição, é um enigma singular. A "decadência do Ocidente" é um tema velho e, no sentido mais profundo, falso. Este *slogan* também queria mascarar as potencialidades de um mundo novo que a decomposição do "Ocidente" põe e liberta – em todo caso recobrir a questão deste mundo – e sufoca o fazer político com uma metáfora botânica. Não queremos afirmar que esta flor, como as outras, irá murchar, murcha ou já está murcha. Procuramos compreender o que, neste mundo social-histórico, morre, como e, se possível, por quê. Nós procuramos também encontrar aquilo que aí, talvez, está nascendo.

Nem a primeira, nem a segunda parte desta reflexão são gratuitas, neutras ou desinteressadas. A questão da "cultura" é considerada aqui como dimensão do problema político; e podemos dizer, principalmente, que o problema político é um componente da questão da cultura no sentido mais amplo. (Por política eu não entendo, evidentemente, nem a profissão de Nixon, nem as eleições municipais. O problema político é

* <Primeira publicação in *Sociologie et sociétés* [Sociologia e sociedades], vol. 11, n. 1, abril, 1979; reeditado em *Le contenu du socialisme* [O conteúdo do socialismo], Paris, UGE, "10/18", p. 413-439.>

o problema da instituição global da sociedade.) Na medida do possível, a reflexão é anti-"científica". O autor não mobilizou um exército, nem gastou dezenas de horas de computador para estabelecer cientificamente o que todo o mundo já conhece de antemão: por exemplo, que os concertos chamados de música séria só são frequentados por certas categorias socioprofissionais da população. A reflexão está cheia de armadilhas e de riscos: estamos mergulhados neste mundo – e tentamos compreendê-lo e mesmo avaliá-lo. Em virtude do quê? Precisamente em virtude da parte que recebe, do indivíduo participante deste mundo; no mesmo sentido no qual ele se autoriza exprimir suas opiniões políticas, de escolher o que combate e o que sustenta na vida social da época.

O que está para morrer hoje, em todo caso o que está profundamente colocado em questão, é a cultura ocidental. Cultura capitalista, cultura da sociedade capitalista, mas que ultrapassa bastante este regime social-histórico, porque ela compreende tudo o que este regime quis e pôde retomar naquilo que o precedeu, e particularmente no segmento "greco-ocidental" da história universal. Isto morre como conjunto de normas e de valores, como formas de socialização e de vida cultural, como tipo social-histórico dos indivíduos, como significação da relação da coletividade consigo mesma, com os que a compõem, com o tempo e com suas próprias obras.

O que está nascendo, penosa, fragmentária e contrariamente, já faz dois séculos ou mais, é o projeto de uma nova sociedade, o projeto de autonomia social e individual. Projeto que é criação política no sentido profundo, e cujas tentativas de realização, afastadas ou abortadas, já informaram a história moderna. (Os que querem tirar destes afastamentos ou abortos a conclusão de que o projeto de uma sociedade autônoma é irrealizável estão em pleno ilogismo. Não que eu saiba que a democracia tenha sido afastada de seus fins sob o despotismo asiático, nem que as revoluções trabalhadoras nos Bororos tenham degenerado.) Revoluções democráticas, lutas trabalhadoras, movimentos das mulheres, das minoridades "culturais", étnicas, regionais, testemunham, todos, a emergência da vida continuada deste projeto de autonomia. A questão de seu porvir e de sua "finalização" – a questão da transformação social em um sentido radical – permanece aberta. Mas permanece também aberta, ou antes, deve ser posta novamente, uma questão nada original, é verdade, mas regularmente recoberta por modos de pensamentos herdados, mesmo quando eles se querem "revolucionários": a questão da *criação cultural* no sentido estrito, a aparente dissociação do projeto político de autonomia e de um *conteúdo* cultural, as consequências, mas, sobretudo, os pressupostos culturais de uma transformação radical da sociedade. É esta problemática que as páginas que se seguem querem, parcial e fragmentariamente, elucidar.

Tomo, aqui, o termo cultura em uma acepção intermediária entre seu sentido usual em francês (as "obras do espírito" e o acesso do indivíduo a elas) e seu sentido na antropologia americana (que cobre a totalidade da instituição da sociedade, tudo o que diferencia e opõe sociedade por um lado, animalidade e natureza, do outro). Entendo por cultura tudo o que, na instituição de uma sociedade, ultrapassa a dimensão conjuntista-identitária (funcional-intrumental) e que os indivíduos desta sociedade tomam posse positivamente como "valor" no sentido mais geral do termo: em suma, a *paideia* dos Gregos. Como o próprio nome indica, a *paideia* abrange também indissoluvelmente os processos instituídos mediante os quais o ser humano, no decorrer de sua fabricação social como indivíduo, é conduzido a reconhecer e a tomar posse positivamente dos valores da sociedade. Esses valores não são dados por uma instância externa, nem descobertos pela sociedade em camadas naturais ou em um céu da Razão. Eles são, em todas as ocasiões, criados pela sociedade considerada como núcleo de sua instituição, baliza última e irredutível da significação, pólos de orientação do fazer e do representar social. É impossível falar de transformação social sem afrontar a questão da cultura neste sentido – e, de fato, afronta-se e "responde-se" não importa o que se faça. (Assim, na Rússia, depois de outubro de 1917, a aberração relativa do *Proletkult* foi esmagada pela aberração absoluta da assimilação da cultura capitalista – e isto foi um dos componentes da constituição do capitalismo burocrático total e totalitário sobre as ruínas da revolução).

Podemos explicitar de maneira mais específica a ligação íntima da criação cultural e da problemática social e política de nosso tempo. Podemos fazê-lo por meio de certas interrogações e o que estas pressupõem, implicam ou conduzem – como constatação de fato, sejam elas discutíveis ou como articulação de sentido:

– O projeto de uma sociedade autônoma não permanece (assim como a simples ideia de um indivíduo autônomo), em certo sentido, "formal" ou "kantiano", do mesmo modo que ele parece afirmar como valor somente a própria autonomia? Mais precisamente: uma sociedade pode "querer" ser autônoma *para* ser autônoma? Ou ainda: autogovernar-se – sim; mas *para fazer o quê*? A resposta tradicional é quase sempre esta: para melhor satisfazer as necessidades. A resposta à resposta é: *quais* necessidades? No momento em que não se corre mais o risco de morrer de fome, o que é *viver*?

– Uma sociedade autônoma poderia "melhor realizar" os valores – ou "realizar outros valores" (subentendido: melhores); mas quais? E o que são valores melhores? Como avaliar os valores? Interrogação que toma seu pleno sentido a partir desta outra questão "de fato": na sociedade contemporânea ainda existem valores? Podemos falar, como Max Weber, de conflitos dos valores, de "combate de deuses"? Ou existiria, antes, um desmoronamento gradual da criação cultural e – o que poderia tornar-se lugar comum, não seria necessariamente falso – decomposição dos valores?

– Seguramente, seria impossível dizer que a sociedade contemporânea é uma "sociedade sem valores" (ou "sem cultura"). Uma sociedade sem valores é simplesmente inconcebível. Existem, evidentemente, pólos de orientação do fazer social dos indivíduos e finalidades às quais o funcionamento da sociedade instituída está subjugado. Existem, então, valores no sentido trans-historicamente neutro e abstrato indicado mais acima (no sentido em que, em uma tribo de caçadores de cabeça, matar é valor sem o qual esta tribo não seria o que ela é). Mas estes "valores" da sociedade instituída contemporânea aparecem, e são efetivamente, incompatíveis com ou contrários ao que exigia a instituição de uma sociedade autônoma. Se o fazer dos indivíduos é essencialmente orientado na direção da maximização antagônica do consumo, do poder, do *status* e do prestígio (os únicos objetos de investimento social pertinentes hoje); se o funcionamento social é subjugado à significação imaginária da exploração ilimitada da superioridade "racional" (técnica, ciência, produção, organização como fins em si); se esta expansão é ao mesmo tempo vã, vazia e intrinsecamente contraditória, como ela é manifestamente, e se os humanos só são sujeitados a servi-la por meio da colocação em obra, o desenvolvimento e a utilização social eficaz dos móveis essencialmente "egoístas" em um modo de socialização onde cooperação e comunidade só são consideradas e existem sob o ponto de vista instrumental e utilitário; enfim, se a única razão pela qual não nos matamos uns aos outros no momento em que isto nos conviria é o medo da sanção penal – então, não apenas não se trata de dizer que uma nova sociedade poderia "melhor realizar" valores já estabelecidos, incontestáveis, aceitos por todos, mas é preciso ver bem que sua instauração pressuporia a *destruição* radical dos "valores" contemporâneos, e uma criação cultural nova, concomitante a uma transformação imensa das estruturas psíquicas e mentais dos indivíduos socializados.

Que a instauração de uma sociedade autônoma exigiria a destruição dos "valores" que orientam atualmente o fazer individual e social (consumo, poder, *status*, prestígio – expansão ilimitada da superioridade "racional"), não me parece exigir uma discussão particular. O que deveria ser discutido em relação a isto é saber em que medida a destruição ou a usura desses "valores" já está avançada e em que medida os novos estilos de comportamento que se observa, sem dúvida fragmentária e transitoriamente, nos indivíduos e nos grupos (notadamente de jovens), são anunciadores de novas orientações e novos modos de socialização. Não abordarei, aqui, este problema capital e imensamente difícil.

Mas o termo "destruição dos valores" pode chocar e parecer inadmissível se tratando da "cultura" no sentido mais específico e estrito: as "obras do espírito" e sua relação com a vida social efetiva. É evidente que não proponho bombardear os museus, nem queimar as bibliotecas. Minha tese é, antes, que a destruição da cultura, neste sentido específico e estrito, já está largamente em curso na sociedade contemporânea, que as "obras do espírito" já se encontram amplamente transformadas em ornamentos ou monumentos funerários, que somente uma transformação radical da sociedade poderá fazer do passado algo diferente do que um cemitério visitado ritualmente, inutilmente e cada vez menos frequentemente por algum ente querido maníaco e inconsolado.

A destruição da cultura existente (incluindo o passado) já está em curso na exata medida em que a criação cultural da sociedade instituída está se desmoronando. Onde não há presente, não há mais passado. O jornalismo contemporâneo inventa todos os trimestres um novo gênio e uma nova "revolução" nesse ou naquele domínio. Esforços comerciais eficazes para fazer girar a indústria cultural, mas incapaz de mascarar o fato flagrante: em uma primeira aproximação, a cultura contemporânea é sem valor. Quando uma época não tem seus grandes homens, ela os inventa. Será que atualmente – tendo em vista os diferentes domínios do "espírito" – encontramos algo diverso disto? Pretende-se fazer revoluções copiando ou pastichando mal – mediante também a ignorância de um público hipercivilizado e neoanalfabeto – os últimos grandes momentos criadores da cultura ocidental, isto é, o que se fez a mais de meio século (entre 1900 e 1925-1930). Schoenberg, Webern, Berg criaram a música atonal e serial antes de 1914. Quantos, dentre os admiradores da pintura abstrata, conhecem as datas de nascimento de Kandinsky (1866) e de Mondrian (1872)? Em 1920, dadaísmo e surrealismo já estavam aí. Qual escritor que poderíamos acrescentar à enumeração: Proust, Kafka, Joyce...? A Paris contemporânea, cujo provincianismo só tem precedência na pretensiosa arrogância, aplaude com furor diretores audaciosos que copiam audaciosamente os grandes inovadores de 1920: Reinhardt, Meyerhold, Piscator etc. Há um consolo que se experimenta quando se olha as produções da arquitetura contemporânea: é pensar que, se elas não caírem por si mesmas em ruínas daqui trinta anos, serão de qualquer modo demolidas como obsoletas. E todas essas mercadorias são vendidas em nome da "modernidade" – nesse caso, a verdadeira modernidade tem três quartos de século de idade.

É verdade, mas existem, aqui e acolá, obras intensas que ainda aparecem. Falo de um balanço de conjunto de meio século. Também é verdade, mas há o jazz e o cinema. Existe – ou existia? Esta grande criação, ao mesmo tempo popular e erudita (o jazz), parece ter esgotado seu ciclo de vida, e isto já em torno do início dos anos 1960. O cinema levanta outras questões, que não posso abordar aqui.

Juízos arbitrários e subjetivos. Não há dúvida. Mas proponho ao leitor simplesmente a seguinte experiência mental. Que ele se imagine fazendo – frente a frente – aos mais célebres, aos mais celebrados criadores contemporâneos a seguinte questão: você considera, sinceramente, da mesma altura Bach, Mozart, Beethoven ou Wagner, assim como Jan Van Eyck, Velásquez, Rembrandt ou Picasso, ou Brunelleschi, Michelangelo ou Frank Lloyd Wright, ou Shakespeare, Rimbaud, Kafka ou Rilke? E que ele imagine sua reação se o interrogado lhe respondesse: sim.

Deixemos de lado a Antiguidade, a Idade Média, as culturas extraeuropeias, e ponhamos a questão diferentemente. De 1400 a 1925, em um universo infinitamente menos povoado e quão menos "civilizado" e "alfabetizado" que o nosso (de fato: em apenas uma dezena de países de Europa, cuja população total, no começo do século XX, era ainda da ordem de 100 milhões), encontraremos um gênio criador de primeira grandeza por brilhantismo. Eis, de uns cinquenta anos para cá, um universo de três ou quarto bilhões de humanos com uma facilidade de acesso sem precedente ao que, aparentemente, poderia ter fecundado e instrumentado as disposições naturais dos indivíduos – imprensa, livros, rádio, televisão etc. –, que não produziram senão um número ínfimo de obras das quais podemos pensar que, daqui cinquenta anos, nos referiremos a elas como as obras-primas.

É verdade, mas a época não poderia aceitar este fato. Pois, não só ela inventa seus gênios fictícios, mas ela também inovou em um outro domínio: ela destruiu a função crítica. O que se apresenta como crítica no mundo contemporâneo é a promoção comercial – o que é inteiramente justificado, tendo em vista a natureza da produção que se trata de vender. No domínio da produção industrial propriamente dito, os consumidores começaram, finalmente, a reagir; é que as qualidades dos produtos são, bem ou mal, objetiváveis e mesuráveis. Mas como ter um Ralph Nader da literatura, da pintura ou dos produtos da Ideologia francesa? A crítica promocional, a única que subsiste, continua, porém, a exercer uma função de discriminação. Ela põe nas nuvens *seja o que for* produzido na moda da estação e, para o restante, ela não desaprova, ela se cala, ela enterra sob o silêncio. Como o crítico foi educado no culto da "vanguarda"; como ele crê ter aprendido que, quase sempre, as grandes obras começaram por ser incompreensíveis e inaceitáveis; e como sua qualificação profissional principal consiste na ausência de juízo pessoal, ele não ousa nunca criticar. O que se apresenta a ele cai imediatamente sob uma ou outra dessas categorias: ou é um incompreensível já aceito e adulado – e ele o elogiará. Ou então é um incompreensível novo – e ele se calará, por medo de se enganar em um sentido ou no outro. O ofício do crítico contemporâneo é idêntico ao do corretor da bolsa de valores tão bem definido por Keynes: adivinhar o que a opinião média pensa que a opinião média pensará.

Essas questões não se colocam somente em relação à "arte"; elas concernem principalmente à criação intelectual no sentido estrito. Somente é possível, aqui, fazer aflorar o tema mediante alguns pontos de interrogação. O desenvolvimento científico-técnico continua incontestavelmente, talvez acelerando a si mesmo em um certo sentido. Mas será que ele ultrapassa aquilo que poderíamos chamar de aplicação e de elaboração das consequências das grandes ideias já adquiridas? Há críticos que julgam que a grande época criadora da física moderna está atrás de nós – entre 1900 e 1930. Não poderíamos dizer que neste domínio também se constata *mutatis mutandis* a mesma oposição presente no conjunto da civilização contemporânea entre um desdobramento cada vez mais amplo da *produção* – no sentido da repetição (estrita ou ampla), da fabricação, da colocação em obra, da elaboração, da dedução amplificada das *consequências* – e a involução da *criação*, o esgotamento da emergência de grandes esquemas representativos imaginários novos (como foram as intuições germinais de Planck, de Einstein, de Heisenberg), permitindo embargar outros e diferentes do mundo? E, quanto ao pensamento propriamente dito, não seria legítimo se perguntar por que, em todo caso depois de Heidegger, mas já com ele, a oposição torna-se cada vez mais *interpretação*, interpretação que parece, apesar disto, degenerar rumo ao comentário e ao comentário do comentário? Não é por acaso que se fala interminavelmente de Freud, Nietzsche e Marx; fala-se cada vez menos, fala-se do que foi dito sobre eles, comparam-se as "leituras" e as leituras das leituras.

O que morre hoje?

Em princípio, os húmus dos valores em que a obra de cultura pode crescer e que ela se alimenta e, em contrapartida, engrossa. As relações aqui são mais que multidimensionais, elas são indescritíveis. Eis um aspecto evidente. Pode existir criação de obras em uma sociedade que não acredita em nada, que não valoriza verdadeira e incondicionalmente nada? Todas as grandes obras que conhecemos foram criadas em uma relação "positiva" com valores "positivos". Não se trata de uma função moralizante ou edificante da obra – muito pelo contrário. O "realismo socialista" se quer edificante – é por isto que seus produtos não valem nada. Não se trata nem mesmo da *katharsis* aristotélica. Desde a *Ilíada* até *O castelo,* passando por *Macbeth*, o *Réquiem* ou *Tristão*, a obra mantém com os valores da sociedade esta estranha relação mais que paradoxal: ela os afirma ao mesmo tempo em que os coloca em dúvida e os contesta. A livre escolha da virtude e da glória pelo preço da morte conduz Aquiles à constatação de que é melhor ser escravo de um pobre camponês sobre a terra do que reinar sobre todos os mortos do Hades. A ação que se quer audaciosa e livre mostra a Macbeth que somos pobres atores gesticulando em uma cena absurda. O amor pleno e plenamente vivido por Tristão e Isolda não pode acabar-se senão na e pela morte. O choque que provoca a obra é um despertar. Sua intensidade e sua grandeza são indissociáveis de um abalo, de uma oscilação do sentido estabelecido.

Abalo e oscilação que pode ser unicamente se, e somente se, este sentido é bem estabelecido, se os valores valem fortemente e são assim vividos. O absurdo último do nosso destino e de nossos esforços, a cegueira de nossa clarividência não esmagava, mas "elevava" o público de *Édipo rei* ou de *Hamlet* – e aqueles dentre nós que, por singularidade, afinidade ou educação, continuam a fazer parte –, por mais que eles vivessem em um mundo em que a vida era ao mesmo tempo (e ousarei acrescentar: com toda razão) fortemente atacada e valorizada. Este mesmo absurdo, tema preferido do melhor da literatura e do teatro contemporâneo, não pode mais ter a mesma significação, nem sua revelação tomar um valor de abalo, simplesmente porque não é mais verdadeiramente absurdo, não há nenhum pólo não-absurdo ao qual ela poderia opor-se para se revelar fortemente como absurdo. É preto pintado sobre preto. Dessas formas que são menos finas àquelas que se destacam dentre todas, da *Morte do caixeiro viajante* até *Fim de jogo*, a literatura contemporânea não faz nada senão dizer, de maneira mais ou menos interessante, o que nós vivemos cotidianamente.

Morre em seguida – outra face da mesma moeda – a relação essencial da obra e de seu autor a um público. O gênio de Ésquilo e de Sófocles é inseparável do gênio do *dēmos* ateniense, como o gênio de Shakespeare é inseparável do gênio do povo elisabetano. Privilégio genético? Não; maneira de viver, de se instituir, de fazer e de se fazer das coletividades social-históricas – e, mais particularmente, maneira de integrar o indivíduo e a obra à vida coletiva. Nada mais, esta relação essencial não implicava uma situação idílica, a ausência de atrito, o reconhecimento imediato do indivíduo criador pela coletividade. Os burgueses de Leipzig só contrataram Bach por estarem desesperados por não terem obtido os serviços de Telemann. De qualquer forma, eles acabaram contratando Bach, e Telemann era um músico de primeira ordem. Evitemos, ainda, um outro mal entendido: não digo que as sociedades anteriores eram "culturalmente indiferenciadas", que em todos os casos o "público" coincidia com a sociedade inteira. Os *mantenedores* do Lancashire não frequentavam o Teatro do Globo e Bach não tocava para os servos da Pomerânia. O que me importa é o co-pertencimento do autor e de um público que forma uma coletividade "concreta", esta relação que, social, não é necessariamente "anônima", não é simples justaposição. Não é o lugar, aqui, de empreender um rápido esboço da evolução desta noção nas sociedades históricas. Basta constatar que com o triunfo da burguesia capitalista, desde o século XIX, aparece uma nova situação. Ao mesmo tempo em que é formalmente proclamada (e logo veiculada por instituições especificamente designadas, em particular a educação geral) a "indiferenciação cultural" da sociedade, estabelece-se uma separação completa, uma cisão, entre um "público culto", ao qual se dirige uma arte "erudita", e um "povo" que, nas cidades, está reduzido a se alimentar com algumas migalhas caídas da mesa cultural burguesa, e da qual, por todo lado, na cidade como no campo, as formas de expressão e de criação tradicionais são rapidamente desintegradas e destruídas. Ainda dentro deste contexto, subsiste, por algum tempo – mesmo se um mal entendido começa aí deslizar-se –, entre o criador individual e um meio social/cultural determinado, uma comunidade de pontos de referência, de marcas, de horizontes de sentido. Esse público alimenta o criador – não unicamente no sentido material –, mas também a si próprio. Todavia, a cisão torna-se rapidamente pulverização. Por quê? Questão enorme, à qual não se pode responder com tautologias marxistas (a burguesia torna-se reacionária depois de sua ascensão ao poder etc.), e que não posso senão deixar em aberta. Pode-se simplesmente constatar que, vindo depois de seis séculos de criação cultural "burguesa" de uma riqueza inaudita (estranho Marx! Em seu ódio à burguesia, *e* em sua dependência aos seus valores últimos, elogia a burguesia por ter desenvolvido as forças produtivas, mas não parar sequer um momento para ver que *toda* a cultura ocidental, desde do século XII, é – lhe devida), esta pulverização coincide com o momento em que, progressivamente esvaziados do interior, os valores da burguesia são finalmente postos a nu naquilo que, doravante, se tornou sua simples banalidade. Desde o último terço do século XIX o dilema está claro. Se o artista continua a compartilhar esses valores, qualquer que seja a sua "sinceridade", ele compartilha, também, a banalidade: se a banalidade lhe é impossível, ele não pode fazer outra coisa senão desafiá-los e opor-se a eles. Paul Bourget ou Rimbaud, Gerges Ohnet ou Lautréamont, Édouard Dataille ou Édouard Manet. Sustento que esse tipo de oposição não se encontra na história precedente. Bach não é o Schoenberg de um Saint-Saëns de sua época.

Assim aparece o artista maldito, o gênio incompreendido por necessidade e não por acidente, condenado a trabalhar para um público potencialmente universal, mas efetivamente inexistente e essencialmente póstumo. E rapidamente o fenômeno se estende (relativamente) e se generaliza: a entidade "arte de vanguarda" se constitui – e faz existir um novo "público". Autenticamente, porque a obra do artista de vanguarda reencontra um eco em numerosos indivíduos; inautenticamente, porque não é preciso muito tempo para constatar que as monstruosidades de ontem são as obras-primas de hoje. Estranho público que se origina em uma apostasia social – os indivíduos que o compõem vindo quase exclusivamente da burguesia e das camadas que lhe são próximas – e que não pode viver sua relação com a arte que ele apadrinha senão na duplicidade, senão na má-fé; que corre atrás do artista, ao invés de acompanhá-lo; que a cada vez se deixa violar pela obra, ao invés de nela se reconhecer; que, por mais numerosas que sejam, ficam sempre empoeiradas e moleculares; e que, no limite, o único ponto de referência com o artista é negativo: o único valor é o "novo" procurado por si mesmo, uma obra de arte deve ser mais "avançada" que as precedentes.

Mas "avançado" em relação a quê? Beethoven é mais "avançado" do que Bach? Velásquez era retrógrado em relação a Giotto? As transgressões de certas pseudorregras acadêmicas (as regras da harmonia clássica, por exemplo, que os grandes compositores, a começar pelo próprio Bach, frequentemente "violaram"; ou aquelas da representação "naturalista" em pintura que finalmente nenhum grande pintor nunca respeitou) são valorizadas por si mesmas – em pleno desconhecimento das relações profundas que religam sempre, em uma grande obra, a forma da expressão e o que é exprimido, se é verdade que a distinção possa mesmo ser feita. Cézanne era um estagnado, que pintava maças cada vez mais cúbicas, porque ele queria torná-las cada vez mais semelhantes e cada vez mais redondas? É *porque* elas são atonais que certas obras atonais são realmente música? Conheço, em toda a literatura universal, somente uma obra que seja criação absoluta, demiurgia de um *outro* mundo; obra que toma, aparentemente, todos os seus materiais deste mundo aqui e, impondo a seu agenciamento e a sua "lógica" uma imperceptível e inapreensível alteração, faz um universo que não se assemelha a nenhum outro e que nós descobrimos graças a ela, em uma admiração e em um assombro, que o temos, talvez, desde sempre habitado em segredo. É *O castelo*, romance de forma clássica, relativamente banal. Mas a maioria dos literatos contemporâneos se contorce para inventar novas formas a partir do momento em que eles não têm nada a dizer, nem novo, nem antigo; e, quando seu público os aplaude, é preciso compreender que ele aplaude as façanhas de contorcionistas.

Esse "público de vanguarda", assim constituído, age por reflexo (e em sinergia com o espírito do tempo) sobre os artistas. Os dois não são tidos juntos senão por referência pseudo-"modernista", simples negação, que alimenta unicamente a obsessão da inovação a qualquer preço e por si mesma. Nenhuma referência contra a qual avaliar e apreciar o novo. Mas como poderia haver verdadeiramente o novo se ele não tem uma verdadeira tradição, a tradição vivente? E como a arte poderia ter como única referência a própria arte, sem se tornar imediatamente simples ornamento ou, antes, jogo no sentido mais banal do termo? Enquanto criação de sentido, de um sentido não discursivo – intraduzível por essência e não por acidente na linguagem comum, mas fazendo existir um modo de ser acessível e inconcebível –, a arte nos confronta também com um paradoxo extremo. Totalmente autárquica, bastando-se a si mesma, não servindo para nada, é, então, somente como re-envio ao mundo e aos mundos, revelação deste como um a-ser [à-être] perpétuo e inexaurível por meio do qual a emergência do que, até agora, não era nem possível, nem impossível, a saber, o outro. Tampouco a apresentação na representação das Ideias da Razão irrepresentáveis discursivamente, como queria Kant; mas criação de um sentido que não é nem Ideia, nem Razão, que é organizado sem ser "lógico" e que cria seu próprio referente como mais "real" que todo "real" que poderia ser "re-presentado".

Não que este sentido seja "indissociável" de uma forma: ele *é* forma (*eidos*), ele não é senão na e pela forma (o que não tem nada haver com a adoração de uma forma vazia por si mesma, característica do academicismo invertido que é o "modernismo" atual). Ora, o que também morre hoje são as próprias formas e, talvez, as categorias (gêneros) herdadas da criação. Não podemos legitimamente se perguntar se a forma romance, a forma quadro, a forma peça de teatro sobrevivem a si mesmas? Independentemente de sua realização concreta (como quadro, afresco etc.), a pintura é ainda vivente? Não é preciso irritar-se facilmente diante dessas questões. A poesia épica está bem morta já faz séculos, senão milênios. Existiu, depois da Renascença, escultura grandiosa, feitas algumas exceções recentes (Rodin, Maillol, Archipenko, Giacometti...)? O quadro, como o romance, como a peça de teatro, implica totalmente a sociedade na qual surgem. O que se passa, por exemplo, com o romance hoje? Desde a usura interna da linguagem até a crise da palavra escrita, desde a distração, o divertimento, a maneira de viver, ou melhor, de não viver o tempo do indivíduo moderno até as horas passadas diante da televisão, tudo não conspira rumo ao mesmo resultado? Alguém que passou sua infância e sua adolescência assistindo à televisão quarenta horas por semana poderia ler *O idiota* ou um *Idiota* de nossos dias? Ele poderia ter acesso à vida e ao tempo romanescos, colocar-se na receptividade-liberdade necessárias para deixar-se absorver em um grande romance, fazendo algo por si mesmo?

Mas talvez também esteja morrendo o que aprendemos a chamar a própria *obra de cultura*: o "objeto" durável, destinado por princípio a uma existência temporalmente indefinida, individualizável, assinada pelo menos de direito por um autor, por um meio, por uma datação precisa. Existem cada vez menos obras e cada vez mais *produtos* que compartilham com os outros produtos da época a mesma mudança na determinação de sua temporalidade: destinados não a ter durabilidade, mas a não ter duração nenhuma. Eles compartilham também a mesma mudança na determinação de sua origem: não existe nenhuma essencialidade de sua relação com um autor definido. Compartilham, enfim, a mesma mudança de estatuto de existência: não são mais singulares ou singularizáveis, mas sim exemplares indefinidamente reproduzíveis do mesmo tipo. *Macbeth* é certamente uma instância da categoria trágica, mas é, sobretudo, totalidade singular: *Macbeth* (a peça) é um *indivíduo singular* – como as catedrais de Reims ou de Colônia são indivíduos singulares. Uma peça de música aleatória, as torres que eu vejo do outro lado do Sena não são indivíduos singulares senão no sentido "numérico", como dizem os filósofos.

Tento descrever as mudanças. Talvez me engane, mas em todo caso *não* falo na nostalgia de uma época em que um gênio especialmente designado criava obras singulares mediante as quais ele era plenamente reconhecido pela comunidade (frequentemente mal chamada de "orgânica") da qual ele fazia parte. Esse modo de existência do autor, de sua obra, de sua forma e de seu público é, evidentemente, em si mesmo uma criação social-histórica que nós podemos, grosseiramente, localizar e datar. Ele aparece nas sociedades "históricas" no sentido estrito, sem dúvida já aquelas do "despotismo oriental", certamente desde a Grécia ("Homero" e o que vem depois), ele culmina no mundo greco-ocidental. Não é o único, e certamente não é o único válido – mesmo do ponto de vista "cultural" mais estrito. A poesia demótica neogrega vale amplamente Homero, como o flamenco ou o gamelão valem não importa qual grande música, as danças africanas ou balinesas são de longe superiores ao balé ocidental, e a estatuária primitiva não se curva a nenhuma outra. Mais ainda: a criação popular não se limita à "pré-história". Ela continuou por muito tempo, paralelamente à criação "erudita", por baixo desta, alimentando-a, sem sobra de dúvidas, a maior parte do tempo. A época contemporânea está destruindo as duas.

Onde situar as diferenças entre uma arte popular e aquilo que é feito hoje? Certamente que não é na individualidade nomeadamente fixada na origem da obra – desconhecida na arte popular; nem na singularidade desta – que não é valorizada como tal. A criação popular, "primitiva" ou ulterior, permite, certamente, e mesmo torna ativamente possível, uma variedade indefinida de realizações, da mesma forma que ela dá lugar a uma excelência particular do intérprete, que nunca é um simples intérprete, mas sim criativo na modulação: cantor, bardo, dançarino, oleiro ou bordador. Mas o que a caracteriza acima de tudo é o tipo de relação que ela entretém com o tempo. Mesmo que ela não seja feita explicitamente *para* durar, ela dura de fato, de um jeito ou de outro. Sua durabilidade é incorporada em seu modo de ser, em seu modo de transmissão, no modo de transmissão das "capacidades subjetivas" que a sustenta, no modo de ser da própria coletividade. Por isto ela se situa no extremo oposto da produção contemporânea.

A ideia do durável não é nem capitalista, nem greco-ocidental. Altamira, Lascaux, as estatuetas pré-históricas o testemunham. Mas por que é preciso que haja o durável? Por que é preciso que haja obras neste sentido? No momento em que se desembarca pela primeira vez na África negra, o caractere "pré-histórico" do continente antes da colonização salta aos olhos: nada de construção construída com material sólido, fora aquelas feitas pelos Brancos ou a partir deles. E por que seria preciso, a qualquer preço, que houvesse construções com material sólido? A cultura africana se revelou tão durável quanto qualquer outra, senão em mais alto grau: hoje em dia, os esforços contínuos dos Ocidentais para destruí-la não tiveram êxito. Ela dura de uma outra maneira, por meio de outras instrumentações e, sobretudo, mediante uma outra condição; é destruindo esta condição que a invasão do Ocidente está criando esta situação monstruosa onde o continente se descultura sem se aculturar. Ela dura aí onde ela o faz por meio de um investimento continuado dos valores e das significações imaginárias sociais próprias as diferentes etnias que continuam a orientar seu fazer e seu representar social.

Ora – e é a outra face das constatações "negativas" formuladas mais acima sobre a cultura oficial e erudita da época – pelo que tudo indica, não só um certo número de condições para uma nova criação cultural está hoje reunido, mas que uma tal cultura, de tipo "popular", está emergindo. Inúmeros grupos de jovens, com alguns instrumentos, produzem uma música que em nada – se não é o acaso da promoção comercial – diferencia daquela dos Stones ou de Jefferson Airplane. Todo indivíduo, com o mínimo de gosto que esteve diante de pinturas e de fotos, pode produzir fotos tão belas quanto as mais belas. E, já que falamos de construções com materiais resistentes, nada impede de imaginar materiais incháveis, permitindo a cada um construir sua casa e mudar sua forma toda a semana, se ele assim o quiser. (Já me disseram que essas possibilidades, utilizando materiais plásticos, foram experimentadas nos Estados Unidos.) Deixo de lado as promessas, conhecidas, discutidas, já em curso de materialização, do computador barato de domicílio: a cada um sua música aleatória – ou não. Não será difícil programar a composição e a execução de um pastiche de um *Nomos* de Xenakis ou mesmo de uma fuga de Bach (isto poderia ser mais difícil em relação a Chopin).

Todavia, seria trapaça tentar balancear o vazio da cultura erudita atual com aquilo que tenta nascer como cultura popular e difusa. Não se trata só de dizer que esta extraordinária amplificação das possibilidades e do saber-fazer alimenta também, e sobretudo, a produção "cultural" comercial (do estrito ponto de vista da "filmagem", o filme mais miserável de Lelouch não é inferior aos que ele copia). É que não podemos passar por cima do mistério da originalidade e da repetição. Há mais de quarenta anos esta questão me atormenta: por que o *mesmo* trecho, digamos a sonata "n. 33" de Beethoven, escrita por alguém hoje, seria considerada como um divertimento e uma obra imperecível se tivesse sido descoberta de uma hora para outra em um celeiro de Viena? (É claro que a série que culmina no opus 111 está longe de esgotar as possibilidades do que Beethoven "descobria" no fim de sua vida – e que permaneceu sem continuação na história da música.) Não vi ninguém refletir seriamente sobre a questão posta pela descoberta, já faz alguns anos, da série dos "falsos Vermeer" que enganaram durante muito tempo todos os especialistas. O que era "falso" nestes quadros – sem levar em consideração a assinatura, ponto que só interessa aos *marchands* e aos advogados? Em que sentido a assinatura faz parte da obra pictórica?

Não conheço resposta a essa questão. Talvez os especialistas se enganaram porque julgaram muito corretamente o "estilo" de Vermeer, mas não tinham olhos para a chama. E talvez esta chama esteja em relação com aquilo que faz que, sem que para isto haja "alguma razão em nossas condições de vida nesta terra", nos creiamos "obrigados a praticar o bem, a ser delicados, mesmo a ser corteses", e que "o artista ateu [culto]" se creia "obrigado a recomeçar vinte vezes um trabalho, cuja admiração que suscitará pouco lhe há de importar ao corpo comido pelos vermes, como o panozinho de muro amarelo pintado com tanta ciência e requinte por um artista desconhecido para sempre e apenas identificado pelo nome Ver Meer".[3] Proust – retomando quase literalmente um argumento de Platão – crê encontrar aqui o índice de uma vida anterior e ulterior da alma. Vejo aí simplesmente a prova de que só nos tornamos verdadeiramente indivíduos pela *dedicação* a outra coisa que nossa existência individual. E se esta outra coisa existe somente para nós ou para ninguém – é a mesma coisa –, não saímos da simples existência individual, estamos simplesmente loucos. Vermeer pintava por pintar – e isto quer dizer: para fazer ser qualquer coisa para alguém ou alguns para quem esta coisa seria a pintura. Ao não se interessar rigorosamente senão em seu quadro, ele entronizava em uma posição de valor absoluto ao mesmo tempo seu público imediato e as gerações indefinidas e enigmáticas do futuro.

A cultura "oficial" ou "erudita" de hoje está dividida entre o que ela guarda da ideia da obra como durável e sua realidade que ela não chega a assumir: a produção em série do consumível e do perecível. Por isso, ela vive na hipocrisia objetiva e na má consciência que agrava sua esterilidade. Ela deve fazer de conta que cria obras imortais *e* ao mesmo tempo proclamar "revoluções" de alta frequência (esquecendo que toda revolução bem concebida começa pela demonstração prática da mortalidade dos representantes do Antigo Regime). Ela sabe perfeitamente

[3] M. Proust, *A prisioneira*, trad. Manuel Bandeira e Lourdes Souza de Alencar, São Paulo, Globo, 1989, p. 173-174 (N. T.).

que os imóveis que constrói não valem quase nunca (nem esteticamente, nem funcionalmente) um iglu ou uma habitação balinesa – mas se sentiria perdida se o confessasse.

No momento em que, depois de Salamina, os Atenienses retornaram para sua cidade, eles encontraram o Hekatompedon e os outros templos da Acrópole incendiados e destruídos pelos Persas. Eles não se puseram a restaurá-los. Eles utilizaram o que restou para igualar a superfície da rocha e preencher as fundações do Parthenon e dos novos templos. Se Notre-Dame fosse destruída por um bombardeio, impossível imaginar um instante os Franceses fazerem outra coisa que reunir religiosamente os escombros tentando uma restauração ou deixar as ruínas como estavam. *E eles teriam razão.* Porque vale mais um minúsculo escombro da Notre-Dame do que dez torres Pompidou.

E o conjunto da cultura contemporânea está divida entre uma repetição que só poderia ser acadêmica e vazia, porque separada do que outrora assegurava a continuação/variação de uma tradição vivente e substancialmente ligada aos valores substantivos da sociedade; e uma pseudo-inovação arché-acadêmica em seu "antiacademicismo" programado e repetitivo, reflexo fiel, por sua vez, do desmoronamento dos valores substantivos herdados. E esta relação, ou ausência de relação, com os valores substantivos é também um dos pontos de interrogação que pesam sobre a cultura neopopular moderna.

Ninguém poderá dizer o que serão os valores de uma nova sociedade ou criá-los em seu lugar. Mas devemos ver "com sentidos sóbrios" o que é, perseguir as ilusões, dizer com vigor o que queremos; sair dos circuitos de fabricação e de difusão dos tranquilizantes, esperando poder quebrá-los.

Decomposição da "cultura"; e como não, quando, pela primeira vez na história, a sociedade não pode pensar nada e nada dizer sobre si mesma, sobre o que ela é e o que ela quer, sobre o que para ela vale e não vale – e em princípio, sobre a questão de saber se ela se quer *como* sociedade e como *qual sociedade*. Existe, hoje, a questão da socialização, do modo de socialização e do que isto implica quanto à sociabilidade substantiva. Ora, os modos de socialização "externa" tendem cada vez mais a ser modos de des-socialização "interna". Cinquenta milhões de famílias isoladas, cada uma em seu alojamento e assistindo à televisão, representam ao mesmo tempo a socialização "externa" mais impulsionada que já se viu, e a des-socialização "interna", a privatização, a mais extrema. É falacioso dizer que é a natureza técnica das mídias que, como tal, é responsável. Não há dúvidas de que *esta* televisão cai como uma luva para essa sociedade, e seria absurdo crer que mudaríamos alguma coisa mudando o "conteúdo" das transmissões. A técnica e sua utilização é inseparáveis daquilo de que são os vetores. O que está em questão é a incapacidade/impossibilidade para a sociedade atual não só imaginar, inventar e instaurar um outro uso da televisão, mas de transformar a técnica televisiva de maneira que ela possa fazer comunicar os indivíduos e os fazer participar de uma rede de trocas – ao invés de aglomerá-los passivamente em torno de alguns pólos de emissão. Por quê? Porque, já faz muito tempo, a crise corroeu a própria sociabilidade positiva como valor substantivo.

Há, em seguida, a questão da historicidade. A heteronomia de uma sociedade – como de um indivíduo – exprime-se e instrumenta-se também na relação que ela instaura com sua história e com a história. A sociedade pode ficar presa no seu passado e repetir – crer que o repete – interminavelmente; foi o caso das sociedades arcaicas ou da maioria das sociedades "tradicionais". Mas existe um outro modo de heteronomia nascido sob nossos olhos: a pretensa "tábua rasa" do passado que é, na verdade – porque não existe nunca "tábua rasa" –, a perda por parte da sociedade de sua memória vivente, no exato momento em que se hipertrofia sua memória morta (museus, bibliotecas, monumentos classificados, bancos de dados etc.), a perda de uma relação substantiva e que não pertence a seu passado, a sua história, à história – dito de outro modo: sua perda de si mesma. Este fenômeno não passa de um aspecto da crise da consciência histórica do Ocidente, vindo depois de um historicismo-progressismo levado ao absurdo (sob a forma liberal ou sob a forma marxista). Memória vivente do passado e projeto de um futuro valorizado desaparecem juntos. A questão da relação entre a criação cultural do presente e as obras do passado é, no sentido mais profundo, a mesma da relação entre atividade criadora auto-instituinte de uma sociedade autônoma e o já-dado da história, que não poderíamos nunca conceber como simples resistência, inércia ou servidão. Opomos à falsa modernidade como à falsa subversão (que elas se exprimam em supermercados ou em discursos de certos esquerdistas extraviados) uma retomada e uma re-criação de nossa historicidade, de nosso modo de historicisação. Só haverá transformação social radical, nova sociedade, sociedade autônoma na e por uma nova consciência histórica, que implica ao mesmo tempo uma restauração do valor da tradição e uma outra atitude em face desta tradição, uma outra articulação entre esta e as tarefas do presente/futuro.

Ruptura com a servidão ao passado enquanto passado, ruptura com as inépcias da "tábua rasa"; ruptura com a mitologia do "desenvolvimento", os fantasmas do crescimento orgânico, as ilusões de acumulação aquisitiva. Negações que não são senão a outra face de uma posição: a afirmação da sociabilidade e da historicidade substantiva como valores de uma sociedade autônoma. Do mesmo modo, temos de reconhecer nos indivíduos, nos grupos, nas etnias, sua verdadeira alteridade (o que não implica que tenhamos de nos conformar, porque seria ainda uma maneira de desconhecê-la ou de aboli-la) e organizar a partir deste reconhecimento uma coexistência verdadeira; do mesmo modo, o passado de nossa sociedade e das outras nos convida a nos reconhecermos, na medida (incerta e inesgotável) em que nós podemos conhecê-lo, outra coisa que um modelo ou um instrumento. Esta escolha é indissociável daquela que nos faz querer uma sociedade autônoma e justa, onde os indivíduos autônomos, livres e iguais, vivem no reconhecimento recíproco. Reconhecimento que não é simples operação mental – mas também, e sobretudo, *afeto*.

E aqui reatamos nosso próprio laço com a tradição: "Parece que as cidades permanecem juntas por *philia*, e que os legisladores se preocupam principalmente com a justiça... Aos *philoi*, a justiça não é necessária, mas os justos precisam de *philia*, e a justiça mais alta participa da *philia*... Os *philiai* dos quais nós falamos [*sc*. os verdadeiros] estão na igualdade.... Na medida em que existe a comunhão/comunidade, na mesma medida existe a *philia*; e também a justiça. E o provérbio 'tudo é comum aos *philoi*' é correto; porque a *philia* está na comunhão/comunidade".[4]

A *philia* de Aristóteles não é a amizade dos tradutores e dos moralistas. Ela é o gênero cuja amizade, amor, afecção parental ou filial etc. são espécies. É *philia* o liame que liga a afecção e a valorização recíproca. E sua forma suprema não pode existir senão na igualdade – a qual, na sociedade política, implica a liberdade, ou melhor, aquilo que chamamos de autonomia.

Dezembro, 1978

[4] <Éthique à Nicomaque [Ética a Nicômaco], VIII, 1154b, 1158b, 1159b.>

Segunda Parte

1

"A FEIURA E O ÓDIO AFIRMATIVO DO BELO"*

A Feiura existe, a tal ponto possível, ainda mais significativa, ainda mais pesada, a qual toca em estratos do ser humano ainda mais profundos do que aquilo que chamamos pensamento explícito.

A *Feiura*: marca infalível de todos os produtos do regime, desde suas "obras de artes" oficiais até o "estilo" de seus dirigentes; marca infinitamente mais clara, signo infinitamente mais demonstrativo do que toda estatística econômica e toda análise sociológica do caráter do regime, de sua *novidade* – daquilo que, historicamente, está em jogo. Já conhecemos sociedades humanas de uma injustiça e de uma crueldade quase ilimitada. Não se conheceu, ainda, quem não tenha produzido coisas belas. Não se conheceu nenhuma que tivesse produzido apenas a Feiura positiva. Conhece-se, agora, graças à Rússia burocrática.[5]

* <*Devant la guerre [Diante da guerra]*, Paris, Fayard 1981, p. 238-242.>

5 Que não se apressem em dizer que esqueço tal obra ou negligencio tal outra. A seiva da Revolução continuou a alimentar, pelo tanto que ela era forte, a criação artística ainda durante algum tempo depois do início da glaciação stalinista (Tchapaiev data do início dos anos 1930). Mas Stalin finalmente os pôs em boa ordem. Desde então, a Feiura vazia reinou. Em relação a isto, três exceções: a primeira, que não é uma, concerne evidentemente à criação clandestina, dissidente, "oponente" - Mandelstam, Boulgakov, Akhmatova, Pasternak etc.; pouco importa se alguns de seus representantes, como os dois últimos, puderam escapar à morte ou à prisão ou conhecer uma vida semipública em eclipse. A segunda (exemplificada por Prokofiev ou Eisenstein) concerne a criadores que voluntariamente se enfraqueceram para poder sobreviver no regime (que comparemos a Suíte scythe de Prokofiev com suas obras ulteriores, com seu retorno à Rússia; ou os primeiros grandes filmes de Eisenstein com as massas fecais de Ivan o terrível). A terceira (exemplificada por Tarkovsky) é relativa a artistas originais que chegam, bem ou mal, a seguir, nos interstícios do mundo oficial, visivelmente o ódio do

Impossível estender-me sobre esta questão – em certo sentido, a mais importante de todas – para além de alguns apontamentos. Existe, seguramente, uma "explicação sociológica" parcial da produção massiva da Feiura positiva da Rússia desde Stalin. É claro, por exemplo, que os medíocres burocratas da União dos escritores não poderiam suportar um verdadeiro talento; mas também que seu poder é limitado e que eles são, eles próprios e seus papéis, produtos e resultados de uma situação mais do que a causa. É certamente em direção da natureza total do regime que devemos voltar-nos para tentar compreender. Ainda é preciso apreender o que está verdadeiramente em jogo. É insuficiente – e ao lado da verdadeira questão – contentar-se em afirmar que a ausência da liberdade sufoca a criatividade, ou que não pode haver obra de gênio sobre encomenda. Para dizer a verdade, estas asserções são falsas: projeções do que chegamos a considerar como normal e evidente. Quase por todo lado, e quase sempre, o artista trabalhou "sobre encomenda" (da Igreja, dos fiéis, do rei, da *polis*, da comuna burguesa de Leipzig ou de Haalem...). E quase sempre ele trabalhou em um estilo imposto e obrigado (relativamente a *nossos* critérios de "liberdade de criação" artística). Em toda Ásia, na Grécia, no Ocidente cristão, nos Maias ou nos Astecas, eles criavam para servir – ou pensando que serviam – as crenças instituídas. Mas *eles mesmos acreditavam nisto* – e, em sua sociedade, *podia-se acreditar*. A nulidade, o cretinismo e o pompierismo da "arte" oficial russa demonstram simples e irrefutavelmente os contraditórios destes dois enunciados: o próprio "artista" *não acredita nisto* – e *não se poderia acreditar*. Se, entre milhares, não se encontrou um só que acreditasse – como mostra todas essas "obras" fictícias –, é que acreditar nisto é impossível. O pseudo-artista russo oficial é, como qualquer outro

regime e submetidos a todas as discórdias. Bem entendido, o que digo concerne à criação propriamente dita, não a interpretação. Ainda seria preciso perguntar-se se as razões para as quais os grandes intérpretes russos da música cada vez mais emigraram são simplesmente "privadas" ou mesmo simplesmente "políticas". E, mais uma vez, falo do regime, do que ele faz ou induz, do que depende dele. Que ele ainda não pôde destruir o gênio do belo no povo que engendrou Moussorgski ou Dostoïeviski em nada surpreende.

burocrata, um cínico na habilidade industriosa subalterna ou escolheu abafar seu talento e matar seu espírito para fazer carreira.

Para fazer carreira lhe é preciso aceitar as "diretivas" explícitas ou implícitas do regime. O núcleo destas é o tratamento da arte como simples instrumento do poder. Como no caso da linguagem, aqui também, mas de maneira muito mais rápida, brutal, radical, a tentativa de instrumentalizar a arte retorna a pura e simples destruição da arte. Mas isto ainda não dá conta da profundidade do fenômeno discutido. Isto não dá conta do *ódio afirmativo do belo* que caracteriza o regime russo (como os partidos comunistas de outros países). Tendo em seu feixe vários corpos de exército de artistas dóceis, por que motivo o regime não pode tolerar, a sua margem, obras diferentes em domínios aparentemente "inofensivos"?[6] Que eles creiam que concorrem com os veículos de sua propaganda é pouco provável. Em sua época, Mallarmé nunca fez seriamente concorrência com François Coppée. Que ele não aceite que a uniformidade de "sua" regra seja posta em questão, não há dúvidas; isto não é suficiente. Não só esta uniformidade foi, de vinte cinco anos para cá, gradualmente abandonada na maioria dos domínios que não dizem respeito diretamente à sociedade, à história, à política e à filosofia; mas, depois de tudo, e sobretudo, esta regra foi ele mesmo quem a fabricou e a mantém tal qual ela é. Por que a regra uniforme deve ser, para ser breve, a Feiura?

É que o regime sente "instintivamente" – sem seguramente o "saber" – que a verdadeira obra de arte representa também para ele um perigo mortal, sua colocação em questão radical, a demonstração de seu vazio e de sua inanidade. O regime aplainou tudo, instrumentalizou tudo, reduziu tudo a uma funcionalidade em falência mesmo enquanto funcionalidade. A obra de arte não existe senão suprimindo o funcional e o cotidiano, desvelando um Avesso que destitui de toda significação o

[6] Ver as recentes intervenções da KGB para dispersar "exposições" ao ar livre em Moscou por pintores independentes.

Lugar habitual, criando um esgarçamento através do qual entrevemos o Abismo, o Sem-fundo sobre o qual vivemos constantemente esforçando-nos permanentemente para esquecê-lo. A arte é – igualmente e mais, de uma outra maneira que o pensamento, antes e depois dele: ele falou antes que ela fale e ele fala ainda quando ela não pode mais que se calar – apresentação/presentificação do Abismo, do Sem-fundo, do Caos. Extasia-se com a Forma que é a sua, mas esta Forma é o que lhe permite mostrar e fazer ser para nós o que está além da Forma e do Informe. É, com certeza, esta possibilidade que a aparenta com a religião, o que "explica" que, até pouco tempo, o essencial da grande arte era ser religiosa. Mas é também o que a distingue. A religião instituída, formação de compromisso, é sempre apresentação/ocultação do Abismo. O sagrado é o simulacro instituído do Abismo. Mas para a arte o simulacro é face da Verdade; há, aqui, o único milagre que apresenta sem nada esconder. Prodígio do objeto mostrado que não dissimula, mas ainda mostra o que está atrás dele. A arte apresenta sem ocultar. No momento em que a tragédia termina, não fica nada escondido, tudo está nu, os próprios espectadores estão nus, sem pudor e sem vergonha. Do mesmo modo que as obras de arte realizam essa apresentação do abismo, as obra de outrora e de alhures podem nos falar e nos despertar. Não é a "forma" como tal que confere à obra de arte sua "intemporalidade", mas a forma como passagem e abertura em direção do Abismo. E é do mesmo modo que a religião sempre tem haver com o Abismo – mesmo que seja para estabelecer seu impossível compromisso e para finalmente ocultá-lo – que o grande artista, ainda que ele não acredite *nesta* religião, poderá sem prejuízo criar *na* religião.[7]

[7] Ver "Transformation sociale et création culturelle" ["Transformação social e criação cultural"], in *Le contenu du socialismo [O conteúdo do socialismo]*, op. cit., p. 423 sq <aqui mesmo, p. 9-30>; "Une interrogation sans fin" ["Uma interrogação sem fim"], *Esprit*, setembro-outubro 1979 <retomado in *Domaines de l'homme [Domínios do homem]*, Paris, Seuil, 1986, re-edição "Points Essais", 1999, p. 299-324>; e "Institution de la société et religion" ["Instituição da sociedade e religião"], in *Mélanges Jacques Ellul* <(1983); retomado in *Domaines de l'homme*, ibid., p. 455-480>.

Se – seja sob a forma religiosa ou sob uma outra – as significações imaginárias sobre as quais é instituída a sociedade re-enviam esta ao Abismo sobre o qual ela vive (e que ela própria é para si), a arte poderá existir como grande arte e como arte social (dirigindo-se a uma coletividade vivente, não a amadores isolados). Mas se a sociedade é instituída sobre a denegação obstinada de tudo o que não é funcional e instrumental, sobre a tentativa de destruir as significações e a significação, sobre a banalidade infinita de uma visão pseudo-"científica" do mundo que é impostura e de um "progresso material" que é mentira, não somente ela tornará a grande obra de arte impossível (é o que já está acontecendo no Ocidente) – mas ela ressentirá tal obra como uma obscura ameaça, colocando em questão seus próprios fundamentos e se obstinará, instintivamente, contra ela.

Aqui também falo da tendência própria do regime, da lógica imanente a sua instituição. Aqui também o regime se encontra em face de uma sociedade que ainda não deixa fazer integralmente; ele é tomado em uma contradição que lhe proíbe realizar plenamente sua lógica. Ele deve limitar seu ódio da criação e seu horror do belo à época contemporânea. Sua pretensão de se colocar como herdeiro "do melhor da cultura do passado" e da história da Rússia, algumas aspirações à representatividade internacional, impedem-no de se libertar da destruição material ou da interdição das obras do passado. Mas a relação a estas que ele tenta impor à sociedade reveste a forma extrema do que ela tende também a se tornar no Ocidente: relação de museu, mumificação. E, para as obras que exigem representação ou interpretação, banalidade de um conservadorismo obrigado que tende a fazer das obras cênicas peças embalsamadas de museu ou de divertimento convencional e limita os riscos de sua revivificação que comportaria sua interpretação atualizada.

2

"A MÚSICA ABOLE O MUNDO..."*

<*Música*: Schumann, *Sinfonia n. 4*, fim do terceiro movimento-início do Finale.>

Philippe Nemo. Estamos esta noite com Cornelius Castoriadis para uma longa conversa a respeito de sua obra e um pouquinho de sua vida que vai além do comum. Este percurso pouco comum chega a uma filosofia extremamente difícil ou que não é fácil de abordar, que não é fácil de ler e que poderíamos qualificar, mas eu assumo um risco, de filosofia da criação – ou em todo caso de filosofia da autocriação ou da autonomia. E aqui o filósofo reencontra certos dados da ciência contemporânea, certos dados também da filosofia natural que acompanha esta ciência e da qual muitas vezes nesta emissão nós tentamos dar conta, e não mais do que uns quinze dias atrás com uma emissão sobre a auto-organização, a qual, aliás, Cornelius Castoriadis foi também convidado. Mas hoje nós lhe consagramos inteiramente esta emissão. Trata-se, então, de uma filosofia da criação, direi da criação pura, e se nós abrimos esta emissão com uma música não foi somente para ilustrar, é porque – Cornelius Castoriadis – a música em geral, e esta em particular, é um bom paradigma do que você entende por criação.

Cornelius Castoriadis. Exatamente. E esta parte da quarta e última *Sinfonia* de Schumann, que é a transição da terceira parte rumo ao

* <Entrevista na France Culture com Philippe Nemo, 1982.>

Finale e ao mesmo tempo o início do Finale, ilustra admiravelmente para mim o que é cada vez mais um dos objetos, dos temas de meu pensamento: o que é apresentado aí, nem simbolizado, nem alegorizado, mas apresentado "em pessoa", é o Caos, o Abismo, o Sem-fundo. E deste Caos, deste Abismo, surge inexplicavelmente, mas com uma total *evidência*, uma forma perfeita que é a melodia triunfal que domina o quarto movimento e onde paramos o disco.

Philippe Nemo. E então, para você, esta forma não existia em parte alguma antes de surgir desse silêncio ou dessa espécie de melodia mais lenta e mais confusa que precede esse jorro.

Cornelius Castoriadis. Sim. Bem entendido, pode haver aí uma posição filosófica, que foi, aliás, a posição clássica da filosofia, que exclui a criação a partir desta ideia de que se alguma coisa foi criada, isto quer dizer que era possível; mas como todos os possíveis idealmente pré-existem desde sempre na eternidade, em uma espécie de intemporalidade, consequentemente o que se passa não faz senão realizar, exemplificar, um possível que foi desde sempre dado de antemão – seja na razão divina ou simplesmente em um mundo das ideias, pouco importa. Ora, creio que este argumento é vazio, ele é puramente nominal como se diz em filosofia. Penso profundamente que, especialmente em história, na história da humanidade – porque é aí que é mais evidente –, temos este surgimento de formas, esta criação, esta posição de novas determinações, de novas leis, de novas legalidades; e isto começa simplesmente pela autocriação da sociedade humana em geral.

Philippe Nemo. O que nós acabamos de indicar muito rapidamente em relação a uma criação artística que passa, não sei se com razão, para uma criação individual, enfim, de um gênio individual criador, no caso Schumann, para você isto é verdadeiro também, talvez mais ainda, em relação à própria sociedade. E esta filosofia da criação das formas, da qual falaremos esta noite, dá-lhe uma nova leitura da própria história, já que no fundo a história não é nada além do que esta sucessão descontínua das figuras ou das formas novas através das quais uma sociedade se estrutura, sem que estas formas sejam de maneira alguma predeterminadas em uma lei da história. E nós iremos com certeza ver isto na própria ordem em que estes temas apareceram... Mas, justamente, você começou sua vida aderindo a uma doutrina, que, pelo que tudo indica, é muito diferente desta, e talvez mesmo oposta, que é o marxismo. Você nasceu em 1922 e tinha aproximadamente uns vinte anos no momento da Segunda Guerra Mundial, era grego, e neste momento você aderiu ao partido comunista grego. Ao ler suas publicações e pensando precisamente nesta passagem da militância política à filosofia teórica mais abstrata, dizia-me que isto também representa talvez uma criação em sua própria vida e alguma coisa em relação à qual você mesmo não esperava, já que era jovem e militava com os comunistas...

Cornelius Castoriadis. Sim, é muito difícil falar de sua própria vida, isto deveria ser a coisa no mundo que se compreende mais claramente e é talvez a coisa no mundo que menos se compreende quando se faz a inspeção com os anos que passam. Além de que isto não seja muito interessante, salvo pela maneira com que delimita, isto dá as linhas de um percurso de trabalho e de pensamento. Mas, de qualquer forma, para não ter de retornar a isto, direi uma ou duas coisas. Em princípio, não é exato que comecei pela política e que cheguei à filosofia, é antes o contrário: adolescente, já estava desperto em relação à filosofia em uma idade ridiculamente precoce, e foi esta preocupação filosófica que me fez encontrar Marx e o marxismo; aí acreditei encontrar na época – em certo sentido encontrei alhures – o que sempre me preocupou. Ou seja, ao mesmo tempo uma pesquisa da verdade, uma pretensão à verdade, e depois também, e sobretudo, uma preocupação com o destino dos homens na sociedade – na época, vivia-se na Grécia sob a ditadura de Metaxas. É isto que me tornou na época marxista, ouso dizer no bom sentido do termo, e que fez com que sob a ditadura de Metaxas, tinha apenas quinze anos, aderisse à Juventude comunista...

Philippe Nemo. Aos quinze anos você estava também no liceu, imagino... O que se estudava? Em que consistia o ensino secundário em Atenas nesta época?

Cornelius Castoriadis. Oh, não sei se vale à pena falar sobre isto. Era ruim, se bem que melhor do que hoje (*risos*), é claro. Mas, enfim, eu tive a oportunidade, através das aulas do liceu, de encontrar todo ano pelo menos um professor que chamava minha atenção, em quem encontrava alguma coisa. Depois, quando veio a ocupação, não aderi ao partido comunista, tentei com meus camaradas formar uma tendência que era metade dentro do partido comunista e metade fora, querendo reformar a política do partido e sua estrutura. Uma política que nos parecia, que para dizer a verdade era inacreditavelmente chauvinista e não tinha mais nada haver com o internacionalismo proletário: os únicos bons Alemães eram os Alemães mortos. E depois sua estrutura, que já aparecia como completamente burocrática. Tinha-se a ilusão de que tudo isto representava um desvio local, até o dia em que se pôde começar a captar as emissões da Rádio Moscou; viu-se, então, que era a linha do stalinismo em escala mundial. Neste momento dissolvemos este grupo...

Philippe Nemo. Como o stalinismo em escala mundial poderia ser chauvinista?

Cornelius Castoriadis. Mas ele era! *Salvo* na Alemanha, na Itália e no Japão, bem entendido. Em relação ao resto...

Philippe Nemo. Era uma política de blocos...

Cornelius Castoriadis. Era a política stalinista durante a guerra; e, aliás, em certo sentido, ela não mudou: os partidos comunistas pretendem, por exemplo, na França ou na Grécia, que o *verdadeiro* patriotismo não pode ser servido senão por aquilo que eles chamam de aliança com a União Soviética. Não somente isto florescia, mas parecia, com certeza, fundado na realidade durante a guerra, já que a Grécia era ocupada pelos Alemães, pelos nazistas. Neste momento rompi totalmente com o partido e aderi a uma das organizações trotskistas, a mais de esquerda da época na Grécia – foi em 1942. Neste momento, conheci alguém, Spiros Stinas, que foi para mim verdadeiramente o exemplo do que é um militante revolucionário, e que, aliás, ainda está vivo. A partir deste momento, comecei a refletir de maneira crítica sobre o fenômeno stalinista. E muito rapidamente cheguei à ideia de que a crítica trotskista do fenômeno stalinista era inteiramente insuficiente e superficial.

Philippe Nemo. Vamos retornar a esta crítica trotskista do stalinismo. Mas antes uma questão de princípio: o que você pensa sobre este vai-e-vem entre a política e a filosofia? Ele é necessário à política? É necessário à filosofia? É fatal a um ou a outro?

Cornelius Castoriadis. Fatal, certamente que não. Acredito que tudo depende de como a filosofia é, se posso dizer, vivida ou praticada; e também, é claro, de como a política é vivida e praticada. Se esta serve, no sentido habitual, vulgar do termo, ou melhor, finalmente como simples arte de manipulação, para subir em um aparelho de partido ou de Estado, então ela não pode ter, bem entendido, nenhuma relação com a filosofia. Se a política é uma ação que se quer radical – radical não quer dizer mortífera, não quer dizer: não deixemos nenhum edifício de pé, mas sim: que não aceita na instituição da sociedade nenhum pressuposto como *evidente* –, então neste momento ela se encontra muito naturalmente com a filosofia, cuja vocação é também não aceitar nenhum pressuposto como evidente. E para falar de um assunto que me é caro e do qual sem dúvida nós falaremos de novo nesta noite, se tivermos tempo, não é por acaso que a filosofia e a política verdadeira ambas nasceram na Grécia no mesmo movimento de radicalização das atitudes em relação ao simples *herdado*: em relação à representação herdada do mundo, à representação simplesmente mítica, tradicional, que a filosofia põe em questão, ou em relação à instituição política já estabelecida, por exemplo, as realezas, ou antes, as aristocracias tal qual existiam no século VIII-VII.

PHILIPPE NEMO. Se a política é a capacidade de fazer a história e se a história tem como ritmo a criação das formas, está claro que a política não pode ser simplesmente impensada; é preciso que haja pessoas que, se não chegam a criar formas, pelo menos as designam. Note que não pode ser eles que a criam...

CORNELIUS CASTORIADIS. Com efeito, com a política encontramos, seguramente, uma diferença essencial em relação à filosofia. Você falava agora mesmo de Schumann, você se pergunta em que medida é uma criação individual... A música é evidentemente ao mesmo tempo uma criação individual e uma criação social. Schumann recebe uma tradição musical, uma orquestra, instrumentos etc.; acontece o mesmo, *mutatis mutandis*, com a filosofia. Mas o filósofo, em princípio, trabalha só. Ora, o político, por definição, não pode trabalhar só, e a obra política não pode nunca ser obra de um indivíduo, pelo menos se entendemos por política, como entendo, uma atividade que visa uma mudança das instituições.

PHILIPPE NEMO. Então você aderiu a esta organização trotskista – um movimento comunista que não seja uma dependência da Internacional comunista, isto também, era uma instituição, era preciso criá-la – e começou a desenvolver uma crítica do stalinismo. O que se passava? É verdade que nossa emissão não tem caráter político, mas é precisamente nesta crítica política de uma doutrina política que pouco a pouco você fez emergir as próprias formas de sua filosofia da instituição e da criação.

CORNELIUS CASTORIADIS. Sim, mas foi preciso, em princípio, ver que era verdadeiramente a aventura que se chamava U.R.S.S. – quádrupla mentira nestas quatro letras – e que sempre chamo de Rússia, e que chamava já na época a Rússia. Será que sempre foi um Estado proletário, como acreditava Trotski e os trotskistas – um Estado proletário degenerado, muito degenerado, terrivelmente degenerado etc.? Ou será que a evolução já tinha feito tremer esta sociedade rumo a uma nova forma, uma forma caracterizada por uma nova classe dominante, exploradora: a burocracia? Trotski falava da burocracia, mas ele falava unicamente como uma camada parasitária, ele pensava que ela era frágil e cambaleante. Ele pensava, ele escreveu, que a Segunda Guerra Mundial veria a queda da burocracia – ou então a entrada da humanidade na barbárie... Tudo isso me parecia terrivelmente superficial. É preciso dizer também que na época não se encontrava nada sobre este assunto na Grécia. Houve Metaxas em 1936, os livros foram queimados e foi por puro acaso que pude ler *A revolução traída* de Trotski e o *Stalin* de Souvarine – que me fez refletir muito –, e depois o admirável livro de Anton Ciliga que se chama *No país da grande mentira* e que foi re-editado sob o título *No país da mentira desconcertante*. Cheguei muito rapidamente à conclusão de que finalmente este regime não guardava mais nada de suas origens de 1917, ele estava completamente transformado; mas, se posso dizer, a iluminação final me ocorreu por ocasião da tentativa do partido comunista grego, em dezembro de 1944, quando estava ainda na Grécia, de tomar posse do poder. Era completamente evidente – e vi a coisa, se posso dizer, vi o que não estava lá ainda – que se o partido comunista fosse vitorioso, se ele tomasse posse do poder, ele teria instalado uma sociedade absolutamente igual...

Philippe Nemo. ... a aquela de todos os regimes do Leste que conhecemos.

Cornelius Castoriadis. E que não se conhecia na época, já que o exército russo não tinha chegado às fronteiras alemãs. Mas isto me parece evidente, como me parecia evidente também que este partido fosse capaz de mobilizar as massas; porque, efetivamente, havia as massas, mas elas absolutamente não lutavam para uma revolução proletária, elas lutavam para confiar o poder a este partido, tomadas no que poderíamos chamar de ilusões revolucionárias. Tudo isso colocava em maus lençóis o esquema trotskista; e já um pouco, potencialmente, o esquema marxista. Então tirei imediatamente as conclusões em relação ao esquema trotskista, e quando cheguei à França, um ano depois, comecei a participar do partido francês, rapidamente desenvolvi no interior do partido, e mesmo no exterior, teses sobre a natureza de classe da U.R.S.S. Ao mesmo tempo estava lá, como se costuma dizer, como quando se tira uma cereja de um bolo e que começa a vir junto outras cerejas... A crítica do trotskismo condizia imediatamente à questão: mas se isto não é o socialismo, o que é então o socialismo? Isto me conduziu quase imediatamente à ideia de autogestão que encontramos já nos textos de 1948-1949.

Philippe Nemo. O que o trotskismo censurava do stalinismo era dar o poder, que deveria pertencer ao proletariado, a uma burocracia; mas o que você mesmo recusava, pelo menos depois de certo tempo, ao próprio trotskismo, era que – é uma frase que anotei: "As forças produtivas se desenvolvem, é graças à nacionalização e à planificação [subentendido: na Rússia]; ela se desenvolve mais lentamente e pior do que deveria, é por causa da burocracia. Eis a substância do que Trotski e os trotskistas têm a dizer". Portanto, os trotskistas censuravam ao stalinismo a constituição de uma burocracia, eles não censuravam a nacionalização e a planificação...

Cornelius Castoriadis. Digamos que há muito mais do que isso... A nacionalização e a planificação como tais são, se ouso dizer, formas inteiramente vazias. Tomemos a "nacionalização". Mas o que é a nação? A quem pertence o poder político? E a planificação, por que fazê-la? Qual é a orientação desta planificação? E quem a define, quem controla esta planificação? Eis o problema. Além disso, o trotskismo nunca abandonou a ideia essencial de Lênin, do bolchevismo, que é o núcleo da situação totalitária, ou seja, o monopólio do partido: somente no fim de sua vida Trotski disse que seria preciso retornar a uma democracia dos partidos soviéticos etc. Além de que Trotski nunca compreendeu que um poder político em uma sociedade deste tipo não pode existir se ele não vai junto com um poder efetivo sobre a economia e a produção. Atrás do que Trotski disse, ou atrás do que Lênin disse no papel, existe a ideia de operários que são escravos seis dias por semana na produção – na qual eles não têm nada a dizer porque nesta situação é a racionalidade e a técnica que prevalecem – e que fruem o domingo das liberdades soviéticas. Ora, é um absurdo sob todos os pontos de vista, e mesmo, naturalmente, do ponto de vista do marxismo compreendido corretamente.

PHILIPPE NEMO. Marx mostra, com efeito, que a mais-valia é extorquida dos operários pelos capitalistas; ora, uma vez que se elevou o poder dos capitalistas, trata-se de saber se a mais-valia vai retornar aos operários ou, antes, se é o Estado que vai guardá-la para ele.

CORNELIUS CASTORIADIS. Não direi que a questão "quem monopoliza a mais-valia?" seja secundária, ela é realmente importante, mas há um outro problema. E aí também a cereja tirada conduziria a todo o cacho no bolo. Existia também um problema em relação a Marx. Para Marx, a organização da usina tal qual existe é talvez muito cruel, o capitalismo cresce muito etc., mas sob o fundo não há nada a dizer. Ela é irrepreensível, porque a técnica capitalista é irrepreensível. Marx, neste ponto, é hegeliano: o Espírito do mundo é encarnado nas forças produtivas. Esta técnica capitalista é a racionalidade encarnada da nossa época.

PHILIPPE NEMO. E, portanto, não se trata de voltar atrás em relação a isso.

CORNELIUS CASTORIADIS. Não se trata de voltar atrás e não proponho, aliás, voltar atrás. Mas em nenhum momento Marx crê que uma verdadeira transformação socialista, uma transformação que daria àqueles que produzem o poder sobre a produção (ou seja, sobre a vida), era incompatível com a tecnologia capitalista, assim como a tecnologia produtiva como definição dos objetos de consumo produzidos; que, portanto, uma das primeiras tarefas da coletividade dos produtores deveria ser a mudança consciente da tecnologia para colocá-la ao serviço dos homens. Um socialismo de linha de montagem e de conjunto é um círculo quadrado, é um absurdo nos próprios termos. Seja dito entre parênteses, esses bravos marxistas, que citam constantemente Marx e se deleitam com a frase sobre o moinho movido à mão, que corresponde à sociedade feudal, e o moinho à vapor, que corresponde à sociedade capitalista, nunca explicam como às mesmas linhas de montagem e às mesmas linhas de fabricação, na Rússia e nos Estados Unidos, pode corresponder em um caso o capitalismo, em outro o socialismo...

Philippe Nemo. Então, por oposição a isto, você pronunciou agora mesmo a palavra autogestão.

Cornelius Castoriadis. Sim, porque a questão da emancipação do ser humano em uma sociedade como a sociedade contemporânea, que entrou nesse frenesi produtivista e economista, não pode ser, para dizer corretamente, uma questão estritamente política. Esta emancipação implica mudanças profundas no mundo da produção, na vida do trabalho. Isso implica que aqueles que produzem decidem tudo o que pode ser decidido por eles no domínio da produção, e que eles possam transformar os métodos de produção para sair do que chamamos, precisamente, alienação no trabalho. Sem isto, o resto torna-se rapidamente uma zombaria e só conduz a uma reconstituição de uma divisão social. Quero dizer que a organização presente da empresa implica a existência de uma hierarquia e de uma burocracia, que de um jeito ou de outro dominam a coletividade dos trabalhadores.

Philippe Nemo. Não poderemos desenvolver aqui esses temas, que ainda uma vez você mesmo desenvolveu durante toda esta primeira metade de, digamos, sua presença, de seu trabalho na França, onde você fundou a revista *Socialismo e Barbárie.* A alternativa à barbárie sendo ainda o socialismo, o socialismo tal qual você próprio o concebe nestes textos que foram retomados em uma série de volumes que apareceram na coleção "10/18". Mas não é este o centro de sua reflexão esta noite. O que podemos reter então, de um ponto de vista formal e de um ponto de vista filosófico nesta passagem, neste ângulo, em certo sentido, do marxismo stalinista ao marxismo trotskista e daí ao socialismo da autogestão – ponho várias aspas, porque não devemos, sem dúvida, confundir com certos movimentos reais...

Cornelius Castoriadis. Eu lhe agradeço.

Philippe Nemo. Sim, sob este nome existe, com efeito, muitas famílias de pensamento... Você chegou a um trabalho, desta vez, puramente filosófico, muito formal, e em certo sentido muito abstrato, sua obra filosófica é uma obra muito conceitual. O que é normal para uma obra filosófica, bem entendido, mas quero dizer que ela é particularmente, porque você fez nela uma reflexão sobre as formas, e nós iremos escutar logo em seguida uma série de textos que foram tirados de uma de suas principais obras, *As encruzilhadas do labirinto* (a outra sendo *A instituição imaginária da sociedade*). O primeiro dentre eles vai precisamente nos colocar em contato com a emergência da questão filosófica e da própria questão formal.

<Leitura>

No mundo da vida, podemos perguntar e perguntamos: por quê...? ou: o quê? A resposta é frequentemente incerta. O que é este objeto branco que está ali? É o filho de Cleonte, diz Aristóteles, "[...] é possível que aquele objeto branco seja o filho de Cleonte". Mas não perguntamos o que Aristóteles pergunta: o que é ver? O que é *o que* é visto? O que é *aquele que* vê? Ainda menos: o que é esta própria questão, e a questão?

Desde que perguntemos isto, a região muda, não estamos mais no mundo da vida, na paisagem estável e em repouso, exposto ao movimento mais violento, mesmo que estivesse sujeito ao mais violento momento, que podíamos percorrer com nosso olhar conforme um antes-depois ordenado. A luz da planície desapareceu, as montanhas que a delimitavam não estão mais aí, o riso inumerável do mar grego é, doravante, inaudito. Nada é simplesmente justaposto, o mais próximo é o mais distante, as bifurcações não são sucessivas, são simultâneas e interpenetram-se. A entrada do Labirinto é imediatamente um de seus centros, ou, antes, não sabemos mais se é um centro, o que é um centro. De todos os lados, as galerias obscuras se desdobram, elas emaranham-se com outras que vêm não se sabe de onde, talvez não chegando à parte alguma. Não se devia transpor esse limiar, devia-se ficar de fora. Porém nem mesmo estamos mais certos de que já o tenhamos transposto desde sempre, que as manchas amarelas e brancas dos asfódelos que voltam por vezes a perturbar-nos tenham algum dia existido em algum lugar, a não ser na face interna das nossas pálpebras. Única escolha que nos resta: mergulhar nesta galeria mais do que naquela outra, sem saber onde poderão conduzir-nos, nem se nos levarão eternamente a esta mesma encruzilhada ou a uma outra que seria exatamente igual.

Pensar não é sair da caverna, nem substituir a incerteza das sombras pelos contornos nítidos das próprias coisas, a luz vacilante de uma chama pela luz do verdadeiro Sol. É entrar no Labirinto, mais exatamente fazer ser e aparecer um Labirinto, ao passo que se poderia ter ficado "estendido entre as flores, voltado para o céu". É perder-se nas galerias que não existem senão porque as cruzamos incansavelmente, caminhar em círculos no fundo de um beco sem saída, cujo acesso se fechou atrás de nossos passos – até que esta rotação abra, inexplicavelmente, fissuras nas paredes por onde se pode passar.

Com toda certeza, o mito queria significar algo de importante quando fazia do Labirinto a obra de Dédalo, um homem.[8]

[8] Cf. C. Castoriadis, "Prefácio", in *As encruzilhadas do labirinto I*, trad. Carmem Sylvia Guedes e Rosa Maria Boaventura, Rio de Janeiro, Paz e Terra, 1987, p. 7-8; tradução modificada (N.T.).

Philippe Nemo. Agora mesmo falamos da autogestão, portanto, da ideia de um domínio do homem sobre sua própria vida, da ideia que o homem cria sua própria vida. E temos, neste prefácio ao livro *As encruzilhadas do labirinto*, uma colocação em forma e uma indicação precisa. Para você a criação começa no próprio fato de pensar.

Cornelius Castoriadis. Não, digamos mais que ela começa em muitas coisas e em certo sentido no próprio fato de *fazer* coisas, porque o ser humano nunca faz coisas por simples reflexo ou por simples necessidade, e que no mais simples fazer humano já existe esta dimensão absolutamente central aos meus olhos, a dimensão imaginária: a capacidade de formar um mundo e de dar um sentido, uma significação a este mundo e a si mesmo, ao que fazemos. O pensamento explícito ou o que chamamos de pensamento como pesquisa interminável, começa muito mais tarde. A criação já está aí..., por exemplo, quando os homens do paleolítico *inventam* as sepulturas. Que ideia absurda: por que é preciso enterrar os mortos? Os animais não enterram os mortos. O que já quer dizer que um cadáver não é simplesmente um cadáver, um simples objeto material, que a morte já tem toda a profundidade de significação – e de não-significação, aliás, penso que nós retornaremos musicalmente a isto – que nós conhecemos. Mas gostaria também de retomar a palavra a propósito do que você disse sobre a autogestão: você falou de domínio, ora, para mim a autogestão, mais geralmente o autogoverno da sociedade, não é o domínio no sentido habitual do termo. "Dominar" é o termo propagandístico do capitalismo. A autonomia, o autogoverno, é o controle do que pode ser controlado, a decisão coletiva, o fato de desembaraçar-se do poder do qual não se reconhece a legitimidade, de reconhecer que é a própria sociedade que cria suas leis, que temos de tomar uma decisão a propósito do que é preciso fazer – mas sabendo precisamente que vivemos sobre o Caos, sobre o Abismo, que nós próprios somos Caos e Abismo e que, consequentemente, o domínio é uma ilusão. Se mantivermos a ideia de domínio, chegamos à boa sociedade definida de uma vez por todas por um filósofo – ou melhor, a heteronomia.

Philippe Nemo. Então, justamente, para desembaraçar-se da heteronomia, para livrar-se da ideia de que a sociedade depende de alguma outra coisa que ela mesma, seja um mestre – ou de um tirano –, seja de um deus ou de deuses, seja mais sutilmente talvez de uma natureza que seria fixa e eterna e à qual a sociedade teria de se conformar...

Cornelius Castoriadis. ... ou de leis históricas...

Philippe Nemo. Sim, ou de leis históricas, o que é uma variante do caso precedente...

Cornelius Castoriadis. Não resta a menor dúvida.

Philippe Nemo. ... já que a história nela mesma pode ser considerada como tendo leis – naturais, em todo caso no sentido em que elas se impõem do exterior à sociedade –, então para fazer tudo isso, para livrar-se desta ideia, foi preciso que você fundasse uma nova, não sei se é preciso chamar uma nova ontologia, uma nova teoria do ser, ou uma nova teoria do conhecimento, talvez os dois. É o que escutamos no primeiro texto em que você disse que pensar – eu releio esta passagem – "é entrar no Labirinto, mais exatamente fazer ser e aparecer um Labirinto, ao passo que se poderia ter ficado 'estendido entre as flores, voltado para o céu'". Poderíamos permanecer "estendidos entre as flores, voltados para o céu"...

Cornelius Castoriadis. É a tradução de um verso de Rilke...

Philippe Nemo. Sim, está, bem entendido, entre aspas. Ouviremos um poema de Rilke daqui a pouco... E no lugar disto, alguém um dia, ao invés de perguntar simplesmente, "o que é este objeto branco aí que vejo quando estou tomando sol?", alguém perguntou: "o que é aquilo que vejo?" E: "o que é ver?". Então ele pôs uma questão para além daquilo que simplesmente via, e então imaginou alguma coisa.

Cornelius Castoriadis. Com certeza.

Philippe Nemo. E a partir desse momento ele entrou no labirinto.

Cornelius Castoriadis. Sim. As questões, alguns duvidam disto, o ser humano as pôs explicitamente desde que existe; mas as pôs como questões instrumentais. Será que existe caça na floresta? As pessoas do paleolítico sem dúvida colocavam questões parecidas. Mas não se puseram certamente as questões que se pôs Aristóteles: o que é o branco? É um atributo deste objeto. Mas o que quer dizer um atributo? Em que ele se opõe à substância? O que é uma substância? O que faz uma coisa? Ou como diziam os megáricos: como posso dizer que uma coisa é branca se outras coisas também são brancas? Tudo isso pode parecer, para quem não quer quebrar a cabeça, sutilezas inúteis, e, aliás, elas com certeza são inúteis, já que podemos comer e digerir sem nos colocar essas questões, mas elas são, verdadeiramente, *o pensamento*. Ora, esta interrogação sob esta forma é incontestavelmente um ato de criação.

Philippe Nemo. "Pensar não é sair da caverna": pensa-se naturalmente no mito da caverna presente na República de Platão, onde os homens são comparados a prisioneiros no fundo de uma caverna, que não veem os objetos que estão no exterior, mas somente suas sombras projetadas sobre o fundo. E evidentemente, para Platão, pensar é ser capaz de se libertar desta situação que é a dos prisioneiros, e depois alcançar a própria realidade...

Cornelius Castoriadis. O verdadeiro Sol.

Philippe Nemo. ... e os verdadeiros objetos iluminados pelo Sol, e seria isto, propriamente falando, pensar. E, neste caso, temos, evidentemente, alguma coisa haver – era, aliás, a intenção explícita de Platão – com um Absoluto, já que na vida comum não temos haver senão com as sombras, que são todas relativas, que podem mudar de aspecto sem que os objetos do quais elas são as sombras mudem, ou inversamente. Portanto, se podemos elevar-nos da caverna, ver os objetos reais, neste momento se colocará a mão sobre a verdade, sobre a verdade "verdadeira". E você diz o contrário: pensar, não é sair da caverna, mas entrar no labirinto. Então, será que você poderia explicitar esta ideia?

Cornelius Castoriadis. Não é fácil explicitar essa ideia sem ser um tanto abstrato... Em certo sentido, tentei agora a pouco quando dizia que ao invés de utilizar tranquilamente os objetos, perguntamos: o que quer dizer que um objeto tenha propriedades ou que ele estabeleça relações de causalidade, o que significa dizer que conheço objetos, como os conheço, em que medida, até que ponto este conhecimento diz algo do objeto, e até que ponto não é uma simples projeção do que sou, como pessoa singular, como indivíduo singular, mas também esquemas de, digamos, meu grupo social, minha sociedade, minha época etc.? Neste caso, a partir do momento em que nos pomos essas questões começa efetivamente uma espécie de percurso ou de caminhada, às vezes sublime, às vezes uma espécie de pesadelo, e que, com efeito, não termina. E cada vez que acreditamos encontrar uma porta, efetivamente, encontramos uma passagem; passagens se abrem – inexplicavelmente, aliás, está aí, sem dúvida, o papel da imaginação no pensamento. Mas se não temos a ilusão do Saber absoluto, da verdade definitiva etc., é impossível não ter a consciência, de um jeito ou de outro, de que não passa de um aspecto do ser que pudemos ver ou construir, ou criar de maneira adequada; que se pudéssemos viver quase mil anos como Matusalém, a evolução de seu próprio pensamento continuaria, sem dúvida, com alguns transtornos etc.

Philippe Nemo. Mas então, mal tinha entrado no labirinto, não se sabe mais onde é o centro e onde é a periferia, e, sobretudo, não se pode mais sair. Estávamos em uma posição serena, calma, diante do mundo, depois um momento de dúvida põe em questão este ser no mundo; seria possível acreditar que, quando se duvidou o suficiente, poderíamos voltar a nos instalarmos tranquilamente diante do mundo. Mas instalada esta situação, somente muito tarde, uma vez que o movimento crítico foi lançado, estamos verdadeiramente no labirinto, ou melhor, não se pode mais sair. E somos arrastados por um tipo de... ceticismo?

Cornelius Castoriadis. Ceticismo? Não, esta não é certamente a palavra que convém...

Philippe Nemo. Iremos retornar a isso, justamente, lancei essa palavra de maneira um pouco provocativa. E agora iremos ler uma outra passagem, algumas páginas mais a frente em *As encruzilhadas do labirinto*, em que você diz que este movimento criador do pensamento, este gesto consistindo em pôr questões que ninguém pôs antes, foi feito não por qualquer um ou não importa quando, mas pelos primeiros filósofos gregos. E desde então por todo o Ocidente.

<Leitura>

Na história, na *nossa* história, levantou-se o desígnio da verdade – como se ergueram os desígnios da liberdade, da igualdade, da justiça. Indissociáveis. Somos – pelo menos alguns entre nós – cativos dela irremediavelmente. Mas não se trata de "fundá-las" – não se percebe o que isto poderia querer dizer. Não se funda o desígnio da verdade, da liberdade. Refuta-se tal enunciado particular; não o ceticismo, nem a zombaria. Refuta-se tal incoerência política; não se refuta Auschwitz ou o Gulag, nós os combatemos. Não podemos dispensar a razão – ainda que conhecendo sua insuficiência, seus limites. Exploramos estes últimos, estando também na razão – mas da razão, não podemos dar conta e razão. Nem por isto estamos cegos ou perdidos. Podemos elucidar o que pensamos, o que somos. Depois de tê-lo criado, nós medimos, por pedaços, nosso Labirinto.[9]

---

[9] Cf. C. Castoriadis, "Prefácio", in *As encruzilhadas do labirinto I*, op. cit., p. 24-25; tradução modificada (N. T).

Philippe Nemo. Mas se nem a verdade, nem a liberdade são fundadas nem fundáveis na razão, como evitar o que chamei agora a pouco de ceticismo?

Cornelius Castoriadis. O problema do ceticismo – como, aliás, aquele da atitude em face de coisas como Auschwitz e o Gulag – é um velho problema. Você sabe, sem dúvida, que malgrado o que maus filósofos constantemente pretenderam, o ceticismo é irrefutável, assim como o verdadeiro sofista. Existe um belíssimo diálogo de Platão que se chama *Eutidemo,* em que não existe, finalmente, refutação dos sofistas mais lamentáveis... Os grandes filósofos sabiam que em última instância a busca da verdade não é fundável, porque fundar quer dizer já estar na atitude racional no melhor sentido do termo. Então, a partir do momento em que o outro, por exemplo, aceita contradizer-se, não existe refutação possível. Nem a partir do momento em que o outro responde a meu discurso – conhecemos a frase – sacando seu revólver, porque refutar alguém que saca seu revólver é ao mesmo tempo pragmaticamente derrisório e mesmo logicamente absurdo. Por quê? Porque, efetivamente, no fim das contas, há uma escolha. Ao mesmo tempo escolha individual, mas também escolha histórica: existem tradições e existe nossa tradição, por exemplo, que, na Grécia em princípio, na Europa ocidental em seguida, optou-se por uma interrogação sem limites, optou-se *mais ou menos* até aqui pela liberdade, a igualdade e a justiça. Antes menos do que mais, mas, enfim, as ideias estão aí, elas trabalham esta sociedade. Depois existem outras sociedades que não optaram por outra coisa e que as temos aí, ao nosso lado.

Philippe Nemo. Esta seria a oposição entre as sociedades, digamos, religiosas, que têm uma resposta de alguma maneira atrás delas, aliás, sob a forma da narração da origem, e uma sociedade que opta pelo espírito crítico ou que pelo menos valoriza a crítica enquanto tal. Vale a ressalva de que valorizar a crítica enquanto tal é recusar todas as tradições salvo a tradição da crítica...

CORNELIUS CASTORIADIS. No limite, é absolutamente evidente. Bem, você tem aí um desses belos paradoxos: alguém que com argumentos *racionais* tenta mostrar que a tradição greco-ocidental não vale nada *está* na tradição greco-ocidental e demonstra que a ela pertence. Você percebe o que quero dizer? É verdade que existe alhures sociedades, culturas, que, por exemplo, se baseiam na revelação. Pouco importa o que se passa na realidade no Iran hoje, mas no discurso pelo menos é a voz do Profeta que se tenta realizar. Ou temos sociedades que pretendem – é o discurso ideológico da estratocracia russa – embasar-se em uma teoria que é a verdade última sobre a história humana e a sociedade, ou seja, seu pretenso marxismo em relação ao qual a discussão, de fato, não é aceita. Você chama nossa tradição de crítica, e ela o é, com certeza, mas não é senão um aspecto da questão; creio que o essencial neste rio histórico no qual estamos é a visada da autonomia tanto no nível individual quanto no nível social. A crítica é uma das expressões desta autonomia.

<Leitura>

Fora a matemática, em que a questão se põe de maneira diferente, e a pura descrição, onde ela não se propõe, toda verdade científica é um erro em sursis. E, no entanto, ela não é só isto. O que é ela então? E o que procuramos no saber? Será preciso dizer que, como todo desejo, este também está condenado a sempre se equivocar sobre seu objeto? A ignorá-lo e, assim, não alcançá-lo? Este amor veria como o outro, o que ele adquiriu escorrer irresistivelmente por entre os dedos? Mas como pensar que o objeto da atividade racional excelente é essencialmente um imaginário? Se sim, não estaríamos irremediavelmente presos em um círculo de ferro? Como poderíamos um dia descobri-lo a não ser prosseguindo nessa mesma atividade racional que ele continuaria, por hipótese, a sobredeterminar? Se a tomada de posse da natureza pelo saber é um fantasma, como a tomada de posse do saber pelo saber não o seria? É somente em um outro sonho, aquele do sujeito absoluto e de uma reflexividade pura, que se pode sair deste círculo. Sonho certamente incoerente para a lógica vígil e que só obedece, como é seu dever, à do desejo, sonho que sonham juntos, sem o saber, o espiritualismo absoluto e com o cientificismo totalitário.[10]

Philippe Nemo. As duas únicas posições imagináveis para sairmos do labirinto depois de termos entrando nele são, você diz, o espiritualismo absoluto e o cientificismo totalitário...

Cornelius Castoriadis. O que dá no mesmo, porque é absolutamente claro, quando se lê os pretensos materialistas e ainda hoje – veja o livro, aliás, muito informativo, de Changeux sobre *O homem neuronal* –, que esta pretensão de saber positivo assegurado e totalizável, senão já totalizado, apoia-se sobre a ideia de que, de direito e de maneira última, a matéria é inteiramente transparente para a razão. Que a matéria seja inteiramente transparente para a razão é, em certo sentido, exatamente a posição do espiritualismo absoluto. Agora mesmo você me fez uma pergunta: mas o que é então o labirinto do pensamento? Eis o que esta passagem talvez ilustre um pouco. Porque a partir do momento em que sei que não há *garantia* em si de meu saber, a partir do momento em que sei que o saber humano é ele também uma criação imaginária...

Philippe Nemo. É dizer que você vai muito longe, você diz que no limite – nós o veremos daqui a pouco em uma outra passagem – não existe o real.

Cornelius Castoriadis. Não! Não disse que não existe o real... Não sei se veremos daqui a pouco, portanto, não amedrontemos nossos ouvintes, direi imediatamente o que penso. Isto nos permitirá também ilustrar a ideia de labirinto. Quando se fala de conhecimento, as teses em presença se reduzem finalmente a duas. Por um lado, nosso conhe-

[10] Cf. C. Castoriadis, "Ciência moderna e interrogação filosófica", in *As encruzilhadas do labirinto I*, op. cit., p. 159 (N.T.).

cimento corresponde ao real e no limite é um puro reflexo. Tese bem conhecida, graças entre outras à vulgata marxista. E uma outra tese que diz: não, nosso saber é o sujeito cognitivo, que se trate da consciência ou que se trate, aliás, de uma sociedade ou de uma época, pouco importa...

Philippe Nemo. ... ou uma *epistēmē*...

Cornelius Castoriadis. ... ou uma *epistēmē*, para falar como alguém que a constrói; para além disto não existe nada. Ora, as duas teses são evidentemente insustentáveis, porque, para que haja conhecimento, é preciso uma estrutura, uma organização mínima daquilo que é e daquele que conhece. Mesmo um espelho tem uma organização, e basta pegar um espelho esférico para ter uma outra imagem – é verdade que aí as leis da transformação são regradas e triviais, mas pouco importa: isto quer dizer que também um espelho tem uma estrutura. Por outro lado, se tomamos o construtivismo absoluto, tal qual está, em certo sentido, mais ou menos presente em Kant – enfim, de certa maneira –, colocamo-nos imediatamente a questão: por que todas as construções não são equivalentes? Como podemos preferir uma construção à outra? As respostas pragmáticas ou outras – mas não é o momento de discutir – verificam-se totalmente ao lado da questão. E chegamos à conclusão de que todo produto de nosso conhecimento, em tudo o que chegamos a conhecer, tem uma dimensão que vem de nós no sentido mais amplo do termo, e que é o que chamo de *esquemas imaginários fundamentais*, que são estruturantes do mundo e do conhecimento – mas que existe, também, alguma coisa quando se trata do saber, quem é o referente deste saber, e que este referente, de uma maneira ou de outra, está sempre aí, ou seja, que nosso saber tenta sempre se regrar sobre esse referente.

Philippe Nemo. É preciso então ressaltar a importância de toda esta discussão entre, digamos, o realismo e o idealismo, já que a própria ideia de uma filosofia da criação implica que tenhamos uma posição em relação a este real. Se existe um real, se existe uma natureza, e que o saber é o conhecimento deste real, desta natureza, pois bem não existe criação, pode haver aí uma progressão no conhecimento do real a partir dos saltos dados pelo conhecimento, mas ultimamente o conhecimento não cria seu objeto, ele o encontra. Quando você permanece sobre a crista entre estes dois extremos ou entre estes dois abismos, talvez...

Cornelius Castoriadis. Sim, porque creio que ele encontra alguma coisa; mas não pode encontrá-lo senão o criando, não pode encontrá-lo senão imaginando coisas: pondo novas *grandes imagens* – cuja diferença em relação às más imagens ou às pequenas imagens está em que elas tocam em algo. Para tomar um exemplo que dou frequentemente, existe um grande esquema imaginário na teoria newtoniana do mundo, na teoria da gravitação. E este esquema imaginário, esta imagem, se você quiser, de Newton – mares, maçãs e estrelas que obedecem todas as mesmas regras, e esta maneira de visualizar o universo, mas de o visualizar intelectualmente, esta intuição intelectual, como as pontas da matéria que se atraem e todo o resto, em um espaço homogêneo etc., é um grande esquema imaginário –, *se passa que*, e insisto sobre o termo aristotélico, este esquema recobre uma parte imensa dos fenômenos naturais. Ora, hoje sabemos que, contrariamente ao que contam os cientistas progressistas e aquilo que crêem os nove décimos dos físicos, a teoria newtoniana é pura e simplesmente *falsa* – se o termo faz sentido. Ou melhor, que a teoria da relatividade não é uma melhor aproximação, ela é *ipso facto* uma refutação da teoria newtoniana na sua pretensão de representar a realidade. E, todavia, existe todo um extrato da realidade ao qual o esquema newtoniano corresponde; é preciso ter necessidade de fazer coisas muito sutis para deixar de lado as equações newtonianas e tomar as equações da relatividade geral.

Philippe Nemo. E, portanto, em certo sentido existe objetividade...

Cornelius Castoriadis. Atenção, existe certa objetividade no domínio da ciência exata.

Philippe Nemo. Justamente, certos ouvintes atentos terão notado que você começa a passagem que lemos por uma pequena expressão muito importante; você diz: "fora a matemática, onde a questão se põe de maneira diferente, e a pura descrição, em que ela não se põe, toda verdade científica é um erro em sursis". Fora as matemáticas e a descrição.

Cornelius Castoriadis. Sim, na descrição, porque – ainda aí poderíamos argumentar, mas, enfim, se passamos por dificuldades de segunda ordem concernindo à linguagem na qual se descreve etc. – o fato de dizer que em tal momento o Sol foi eclipsado pela Lua em um país entre tal ou tal latitude é uma pura e simples descrição e ela não pressupõe senão um acordo sobre os termos que se utiliza...

Philippe Nemo. E, de qualquer forma, ela os pressupõe...

Cornelius Castoriadis. Ela pressupõe este acordo. E esta própria linguagem, bem entendido, é trabalhada por categorias lógicas e por esquemas imaginários. É evidente.

Philippe Nemo. Então, para sair, em certo sentido, do labirinto, porque este problema não nos deve desesperar, iremos, e os ouvintes vão rapidamente compreender o motivo, ainda uma vez, escutar uma música.

<*Música*: "Arietta", da *Sonata* n. 32, opus 111, de Beethoven.>

Philippe Nemo. Beethoven, *Sonata* n. 32 do opus 111. Magnífica sonata para piano. Se escutamos uma música foi porque no caso da música, como no caso da arte, e como em certos outros casos que examinaremos mais tarde – mas é particularmente claro e fácil de compreender partindo de um exemplo artístico –, existe criação, sem nada antes; e, todavia, não existe negatividade porque tudo o que dissemos até agora em relação ao tema do labirinto, em relação ao tema do ceticismo e em relação ao tema da sofistica é o que o próprio Platão dizia a propósito dos sofistas, a saber: que se o homem é a medida de todas as coisas e se tudo é relativo, logo, tudo é nada. Quando, no caso da criação artística, tudo é relativo, efetivamente, nada é fundado na razão, e, contudo, o que foi criado é uma plena positividade, trata-se do ser. E, na música que ouvimos, há uma forma que emerge que não tem outra razão de ser do que ela mesma, e que, todavia, é plenamente positiva.

Cornelius Castoriadis. Sim, é plena, existe plenamente. Poderia voltar a estes termos, mas se escolhi este início de "Arieta" do opus 111 é porque isto ilustra também, paradoxalmente, a criação musical sob um aspecto no qual frequentemente não se pensa: a música cria também o silêncio. Há uma frase de Berlioz que diz isto, mas neste registro se compreende facilmente que em uma obra musical as pausas são tão importantes quanto as notas, os momentos sem som em que não se escuta nada. Mas creio que com "Arieta" do opus 111 – como, aliás, também hesitei entre os dois exemplos, o último trecho, inacabado, da Arte da fuga –, o que vemos, não é somente a criação da música positivamente, se posso dizer, como sucessão e, de certa maneira, também como sincronia. Vemos também que esta forma faz existir em torno dela, e para que ela mesma exista, o nada, o silêncio. E – podemos levar esta ideia muito mais longe – ela não tem negatividade, mas ao mesmo tempo podemos dizer que ela abole o mundo. Os raros momentos em que podemos ouvir a música como – como poderia dizer... –, não como devemos escutar, mas como desejamos e como se pode escutá-la, efetivamente o mundo deixa de existir, não existe nada mais, existe um *nada* que é criado como fundo por esta figura musical para fazê-la existir, para que ela possa existir. Este nada é criado como nada sem violência; não é uma destruição: é impelido como um pano de fundo que não existe mais.

Philippe Nemo. E se o mundo deixa de existir, e que existe somente a forma criada pela arte, não é abusivo dizer que a arte cria um mundo, que cada obra cria um novo mundo.

Cornelius Castoriadis. Certamente. Cada obra de arte, cada grande obra de arte... Pense no que Kant dizia a este respeito: as belas artes são as artes do gênio, frase que, infelizmente, não parece ter penetrado na consciência das pessoas de 1791, se vemos o que às vezes é feito...

Philippe Nemo. Sim, afinal, há grandes obras de arte produzidas desde então...

Cornelius Castoriadis. Há grandes obras de arte, é verdade, mas não é esta a questão. Não há somente grandes obras de arte; e da minha parte nunca compreendi que se possa resignar a escrever música secundária ou a fazer a pintura pequena, ou a escrever pequenos romances. A mim dirão que ninguém sabe de antemão... Sigamos em frente, não é este o problema. A obra de arte faz efetivamente existir um mundo que é o seu próprio e ao mesmo tempo – pelo menos é o que eu sempre acreditei –, ao se apresentar a si mesma, ela apresenta o ser, ela apresenta o Caos, o Abismo, o Sem-fundo. Ela apresenta sem simbolização e sem alegoria.

Philippe Nemo. Aliás, na medida em que ela não se preocupa com nada, em que ela não apresenta senão de maneira original, pode-se acrescentar que em todas as ocasiões uma obra de arte não apresente o Caos, porque, no fundo, o Caos não é toda vez o mesmo. É você enquanto filósofo que o diz...

Cornelius Castoriadis. Sim, talvez acertadamente... Mas me pergunto se a questão não é simplesmente nominal. Pois se perguntar se o Caos é o mesmo ou não é o mesmo todas as vezes ou se ele é um ou múltiplo, não faz nenhum sentido. Para mim, o Caos, enquanto ganga matricial, enquanto matriz informe-formante de tudo o que pode ser, está para além do um e do múltiplo...

Philippe Nemo. E se uma grande obra musical cria um mundo, outras grandes obras artísticas criam também... Um estilo arquitetônico cria um mundo. Uma obra literária, mais ainda. Todos nós temos em casa várias seções de bibliotecas com livros dos quais não vemos senão a lombada, não os lemos todos, não todos ao mesmo tempo; mas cada um sabe que, quando se entra em um livro, quando se faz este esforço, no fim de uma dezena de páginas, estamos verdadeiramente em um mundo no qual não estávamos antes. E sempre se pode dizer que este mundo está em outro mundo, no mundo englobante. Todavia, é abstrato dizer que quando se lê descobre-se um mundo que não se conhecia antes. Creio que agora a pouco falamos de ontologia; há uma ideia em direção à qual nos encaminhamos em toda esta discussão sobre uma filosofia da forma e da criação, é a ideia de que cada forma nova cria um ser novo e que a ontologia é múltipla, ou que é preciso conceber uma ontologia da maneira múltipla.

Cornelius Castoriadis. Sim, com certeza. Mas me permita retomar um termo que você utilizou que está inteiramente correto, mas que corre o risco de criar mal-entendidos, "filosofia da forma". No espírito das pessoas a forma opõe-se ao fundo, opõe-se ao conteúdo. Seguramente, você utilizou em um sentido filosófico; da minha parte, frequentemente tomo o cuidado de acrescentar o termo platônico *eidos*: uma forma, não é o exterior, não é o que se opõe ao fundo, é a coexistência do que chamamos de maneira geral uma matéria e uma forma. E quando digo que a história é criação de formas, isto certamente não quer dizer que ela é criação de exterioridade, de revestimentos das coisas; a história é criação..., não importa do que você queira: o Parthenon, a Notre-Dame, o *Réquiem* de Mozart, *O castelo* de Kafka, eis as formas. O que não quer dizer que me apegue simplesmente às pretensas virtudes formais destas obras. *O castelo* de Kafka é uma forma, se não é – como dizer? – banalizar demais a arte, no sentido em que uma galáxia espiral é uma forma.

<Leitura>

Quando os homens criam a música, não produzem nada, e seria insuficiente dizer que criam um outro *eidos* que vem apenas acomodar-se e inserir-se no que já é. Criam um nível de ser que é um mundo e que, pensando bem, verdadeiramente, não está neste mundo.

Uma árvore subiu. Pura ascensão!
Oh, Orfeu canta! Árvore alta no ouvido!
E tudo se calou. Mas mesmo a suspensão
Era aceno, mudança, outro sentido/ de começar.
(Rilke, *Sonetos a Orfeu*, I, 1.)[11]

Sim, creio que aí vemos em que sentido o grande poeta vale mais do que o filósofo, porque, tudo o que dissemos, Rilke disse também, e com certeza infinitamente melhor, neste primeiro *Soneto a Orfeu*: quando a música aparece, tudo se cala, e é *neste silêncio* que alguma coisa que é início, signo e mudança realiza-se pela primeira vez. E podemos dizer também que se realiza para sempre, porque, deixando de lado as contingências materiais, isto não se abole mais, isto não pode mais se abolir, ou não se pode abolir senão em um sentido empírico: queimam-se todas as partituras musicais, quebram-se todos os discos... Enquanto filósofo direi: em si, isto não se abole mais; isto foi, isto é e isto será.

<Leitura>

Como as cortinas do quarto, como o ar espesso da noite, Albertina exprime-se dormindo. Toda a noite da terra se exprime nesse ar, todos os pêssegos do mundo se exprimem na penugem de suas bochechas, todos os amores inquietos no olhar que os envolve e o silêncio que o suben-

[11] Cf. C. Castoriadis, *As encruzilhadas do labirinto I*, op. cit., p. 22-23. O trecho poético citado deste livro é precedido pelo original em alemão. Como propomos duas versões de tradução dos versos de Rilke, achamos melhor oferecer também o original: "Da stieg ein Baum. O reine Uebersteigung! / O Orpheus singt! / O hoher Baum im Ohr! / Und alles schweig. Doch selbst in der Verschweigung / ging neuer Anfang, Wink und Wandlung vor". A tradução presente no corpo do texto é de Paulo Quintela, in *Poemas, As Elegias de Duino* e *Sonetos a Orfeu*, prefácios, seleção e tradução de Paulo Quintala, Porto, Editora O oiro do dia, 1983, p. 233. Essa tradução parece-nos de grande sutileza poética. Mas utilizamos nas diversas ocasiões em que o quarto verso é citado no decorrer deste texto, uma outra excelente tradução proposta por José Paulo Paes. A maneira como Castoriadis cita esta estrofe do soneto de Rilke está mais próxima da tradução proposta por este último tradutor e poeta: "Uma árvore lá. Oh pura sobrelevação! / Orfeu canta. Oh árvore mais alta nos ouvidos! / E tudo se aquietou. Mas na própria quietação / novo início, signo e mudança estavam contidos". Tradução de José Paulo Paes, in *Poemas, Rainer Maria Rilke*, seleção, tradução e introdução José Paulo Paes, São Paulo, Companhia da Letras, 1993, p. 147 (N.T.).

tende. E tudo isto se exprime na *Recherche* como se exprime o mar visto do terraço de La Raspelière e nas sete notas da sonata de Vinteuil que doravante fazem parte do mundo mais do que outras efetivamente escritas. Mas Albertina se desperta e fala, e diz: "dormi". "Situação confusa e irritante de um ser que *é* aquilo que fala" [Merleau-Ponty]. Proust se desperta e fala de seu sono no quarto de Doncière, fala de seus vividos subjetivos, escrevendo-os sobre uma segunda e maior página do registro. E fala do que era quando ainda não era. Como ele é vidente visível, ele é falante falado, multiplamente falante e multiplamente falado. Situação multiplamente confusa e irritante de um ser que não se tornará o que ele foi senão falando.[12]

<*Música*: Início do *Impromptu* op. 90, n. 3 de Schubert.>

Philippe Nemo. Você quis associar as falas que ouvimos anteriormente, sobre Proust e sobre Albertina, e que foram extraídos de *As encruzilhadas do labirinto*, e esta música de Schubert, este *Impromptu* opus 90, n. 3. Você viu, então, entre esses dois mundos, dos quais dissemos que em princípio eles eram sempre novos e incomunicáveis, você viu correspondências...

Cornelius Castoriadis. Nessa situação, evidentemente, é a subjetividade que intervém... Creio que, neste *Impromptu*, uma das camadas ínfimas da significação musical, uma de suas traduções desajeitadas em significação simplesmente humana, é também esta indizível nostalgia por um amor fugidio – e aqui, ao mesmo tempo, esta doçura das bochechas de Albertina da qual Proust fala, e esta vista para sempre perdida do azul do mar a partir do terraço de La Raspelière... É por isto que digo, em uma outra passagem, que escutamos sempre a música de maneira impura, que não podemos deixar de fazer associações...

[12] C. Castoriadis, "O dizível e o indizível. Homenagem a Maurice Merleau-Ponty", in *As encruzilhadas do labirinto I*, op. cit., p. 156; tradução modificada (N.T.).

Philippe Nemo. Sim, seria preciso fazer silêncio, ou que cada música nos permita fazer silêncio, mesmo sobre as correspondências...

Cornelius Castoriadis. É isto. Mas como poderíamos fazer silêncio a propósito do que somos, ou melhor, nosso fluxo representativo que precisamente – e felizmente – não dominamos, que é ao mesmo tempo nossa condenação e nossa riqueza?

Philippe Nemo. Sim, e é nisto que suas reflexões sobre a criação não são uma reflexão sobre o domínio. A criação, justamente, não é dominável.

Cornelius Castoriadis. Não, seguramente. Isso, os filósofos sempre souberam – desde Platão...

Philippe Nemo. Isso se chama inspiração...

Cornelius Castoriadis. ... sim, ele a chamava "a divina loucura", no *Íon*, diálogo sobre a poesia. E quando Kant diz admiravelmente que o gênio cria a obra-prima "como uma natureza", ou seja, trabalha como trabalha a natureza, e diz também que ele *não pode* dar conta do por que ele faz antes isto do que aquilo. Talvez a coisa ainda seja mais complicada... Bem entendido, ele não pode "dar conta"; mas ao mesmo tempo em que se produz, o que acontece durante o trabalho artístico, durante o trabalho da criação – e é também verdade, ainda que seja muito diferente, no trabalho do pensamento –, o impressionante é que se cria e que, *ao mesmo tempo*, há uma legalidade emergente que se cria. E é por isto que se diz frequentemente que o poema produz o poeta. Cria-se, é totalmente arbitrário; e, ao mesmo tempo, bem entendido, não existe aí nada de arbitrário. É arbitrário em relação a todas as considerações extrínsecas, é arbitrário em relação às forças produtivas, à psicanálise do criador, ao Espírito absoluto, aos movimentos dos elétrons: em relação a tudo isto a obra de arte é um outro nível de ser, e perfeitamente arbitrário. Mas ela não é arbitrária em relação a si mesma, já que, efetivamente, o que se produz é a autoposição de uma nova forma, de uma nova legalidade.

PHILIPPE NEMO. Quer dizer que é arbitrário em certo sentido, mas não é em nenhum sentido subjetivo...

CORNELIUS CASTORIADIS. Não sei. Neste momento a linguagem nos falta. E creio que em certo sentido estamos sempre em ciladas, porque a linguagem foi forjada a maioria das vezes para dizer objetos materiais, atitudes instrumentais etc., para opor o possível ao necessário. E aí estamos em domínios que estão além destas categorias.

PHILIPPE NEMO. Falamos longamente da arte, porque era, ainda uma vez, um bom exemplo ou um paradigma para refletir sobre a autocriação ou sobre a própria criação. Mas sua tese é muito mais vasta, lembro, aliás, o título do outro livro do qual nós falamos: *A instituição imaginária da sociedade.* Você se interessa nesta capacidade que o homem tem de criar formas, portanto, de criar descontinuidades na história ou mesmo de criar histórias, e não falamos do plano individual. Não que você recuse este nível individual, e como o poderia quando levamos em consideração o lugar que você atribui precisamente à arte, que sempre foi criada por artistas, mas você considera que a própria história é uma obra, em certo sentido, se chamamos obra o que foi criado. Então o capitalismo, o marxismo, o comunismo, ou...

CORNELIUS CASTORIADIS. ... a sociedade hebraica, a sociedade grega, Roma, Florença são *criações*. Não são obras, já que na história não temos este aparente fechamento da obra de arte, esta autossuficiência, esta delimitação, mesmo se esta delimitação abre sobre o indefinido e sobre o todo. Na história, evidentemente, não temos isto. Mas temos criação de formas. E também aí podemos entender o que penso sobre a forma. A sociedade hebraica – falo da sociedade que re-envia o Antigo Testamento – é uma forma, ou seja, uma coletividade que se deu leis, aliás, sem o saber, ela pretende que essas leis lhe foram dadas por Deus; essas leis regulam sua vida, há costumes, hábitos, obras particulares que se fazem no seu interior, escritos a partir de certo momento etc. Qual é o sujeito desta criação? Ainda neste momento a linguagem nos trai: o sujeito é, em certo sentido, o povo hebreu, mas este povo hebreu não é sujeito em qualquer sentido canônico habitual deste termo. É uma coletividade anônima, indefinida, que tem sempre uma nascente e uma foz...

Philippe Nemo. Como você explica neste quadro o fato da tradição? Porque a tradição, as tradições, é a perpetuação de uma forma, não é a criação contínua de uma forma, não é uma descontinuidade, justamente... Do seu ponto de vista, a tradição seria um pouco a anticriação, a tentativa desesperada de uma sociedade de não se deixar pôr descontinuidades em relação a si mesma sob a forma de invenções produzidas por seus membros.

Cornelius Castoriadis. É certo que uma sociedade tradicionalista, se posso dizer, programática e explícita, é evidentemente uma sociedade que pode refutar sua alteração, sua auto-alteração, sua própria criatividade. De fato, ela não chega a isso nunca. Deixemos de lado, se você preferir, o que chamamos hoje em dia a etno-história, o estudo dessas sociedades arcaicas que antigamente se ousava chamar de sociedades sem história – mas sabemos que isso não é verdade, que a alteração está ainda aí. Tomemos sociedades que têm uma história e uma tradição explícita, como as sociedades nesse segmento de história universal que nos são as mais familiares, Oriente Próximo e Europa: o que vemos? Seguramente a tradição está sempre aí – incluindo nossos domínios hoje em dia – e vemos também, ao mesmo tempo, que de fato cada época *faz* desta tradição algo diferente, ou seja, que ela *reinterpreta* sua tradição. É, aliás, muito interessante perceber, deste ponto de vista, a oposição, que é muito ilustrativa, entre os antigos Gregos e os Judeus. Os antigos Gregos, que evidentemente têm uma relação muito importante com a tradição, são, de uma forma ou de outra, um povo em que, a partir de certo momento, a criação verdadeiramente explode, e a auto-alteração da sociedade, das formas de pensamento etc. se produz com um ritmo frenético, quando se pensa no que se passou entre o VII e o IV século... E eles não hesitaram colocar-se em questão. No momento em que os Judeus, em uma fase relativamente ulterior e sem dúvida sob a influência da cultura grega depois da conquista de Alexandre, o helenismo etc., não podem mais permanecer pura e simplesmente na letra do Antigo Testamento...

Philippe Nemo. ... eles se põem a interpretá-lo.

Cornelius Castoriadis. Exatamente. Eles começam a criar, eles começam a mudar, mas eles são obrigados a disfarçar esta criação apresentando-a como a interminável interpretação de um texto sagrado que não pode e não deve variar. Mas eles próprios o alteram.

Philippe Nemo. Sim, mas, enfim, os primeiros intérpretes da Torá, da primeira parte da Bíblia, são os próprios profetas, em uma data bastante anterior à helenização do mundo mediterrâneo.

Cornelius Castoriadis. Com certeza, e não há nada de impressionante nisto: o próprio Antigo Testamento traduz uma evolução, ele não re-envia a uma sociedade fixa, e alguma coisa já começa com os profetas.

Philippe Nemo. Certo. Mas, mais profundamente, será que seus amigos teóricos da auto-organização não lhe diriam que é preciso certa dose de redundância, como eles dizem, ou seja, de repetição, de transmissão das formas antigas para que formas novas possam brotar? Porque no fundo você vai até..., sua filosofia é, finalmente, uma teoria da criação *ex nihilo.* Falamos do silêncio agora a pouco. Será que não é preciso ingredientes para criá-lo?

Cornelius Castoriadis. Certamente. Mas a questão é: quais ingredientes? E qual é a relação do novo com o que já existia? Toda a verdade pode ser transformada em absurdo se lhe damos uma forma extremista, absoluta etc. Falo da criação *ex nihilo*: por quê? Para mostrar que quando alguma coisa é criada, o que é criado, não podemos derivá-lo ou produzi-lo a partir do que já estava lá. A *sonata* opus 111, não se pode tirá-la de Haydn. É outra coisa. O nascimento da filosofia ou da democracia na Grécia não pode ser tirado de qualquer coisa que já estava lá. Mas, bem entendido, tudo o que se produz se produz no ser que já estava aí.

Philippe Nemo. Sim... Será que não existe uma matéria primeira para você, para falar como os filósofos antigos?

Cornelius Castoriadis. Este ser que já está aí fornece algumas condições limites, como se poderia dizer se utilizássemos uma linguagem de físicos ou de matemáticos, ele fornece uma matéria primeira; mas o importante não é isto, porque, finalmente, o que nos importa na criação, é a significação, e as mesmas matérias primeiras, nós as vemos na história, tomam precisamente significações diferentes, seguindo as criações.

Philippe Nemo. Sim, mas é assim mesmo um mundo...

Cornelius Castoriadis. Com certeza, é um mundo...

Philippe Nemo. Quero dizer, é uma realidade, há uma exterioridade, é a matéria primeira. Não haveria criação se não houvesse matéria. E, consequentemente, podemos perguntar-nos quem criou a matéria ou como ela se faz.

Cornelius Castoriadis. Mas, você sabe, existe o mármore – tomolhe ao pé da letra – na Grécia, na ilha de Paros, ou sobre o Pentélico, e existe o mármore ainda mais bonito na Itália. Os Gregos fizeram templos; e os Romanos, em seguida, imitaram mal e muito pesadamente os templos gregos. Mas quando o século XV chegou, Michelangelo, com esse mármore, fez outra coisa. Eis a relação com a matéria.

Philippe Nemo. Você vai muito longe nesta ideia de criação ex nihilo das formas e da significação, já que somente as formas dão as significações. Você diz, e é justamente a página com a qual você termina seu livro *As encruzilhadas do labirinto,* que as significações, os valores são criados, eles não são objetivos, eles não são...

Cornelius Castoriadis. ... transcendentes, digamos.

Philippe Nemo. Sim, eles não pertencem a uma natureza que uma ciência ou especialistas poderiam elaborar. Consequentemente, você diz, uma ideia tal como a de igualdade ou a liberdade – vimos agora a pouco, mas veremos por que falo novamente de igualdade – não está nas coisas, não está na natureza. E você diz que é, então, uma criação, por exemplo, do marxismo, enquanto que...

Cornelius Castoriadis. Mas a igualdade não é uma criação do marxismo!

Philippe Nemo. Não, concordo, mas, enfim, retomada por...

Cornelius Castoriadis. Oh, não. Longe disso...

Philippe Nemo. Está certo. Mas você chega a dizer que – aí você fala, parece, em seu próprio nome, em seu nome pessoal – você seria a favor da igualdade de todos os desiludidos. Será que você poderia explicar esta ideia um pouco... paradoxal? É preciso acreditar que você não se sente governado por considerações naturalistas, que nos diriam, por exemplo, que a igualdade absoluta é impossível? Você diz que, se quiséssemos a igualdade absoluta, poderíamos realizá-la...

Cornelius Castoriadis. Não, não é a igualdade absoluta. Nesse ponto há muito mal entendido... Para mim, o ponto central é a igualdade de participação no poder político...

Philippe Nemo. Ah, é isto... E a igualdade econômica?

Cornelius Castoriadis. A igualdade de participação no poder político, se ela não deve efetivamente permanecer formal, significa também igualização das condições sob as quais as pessoas podem ativamente participar deste poder político. Para mim, a democracia é a participação ativa de toda a comunidade nos negócios políticos; e não a delegação ou a representação. É isto. Portanto, a igualdade econômica, neste sentido preciso, aos meus olhos, justifica-se, não diria que ela se deduz, mas ela faz parte da mesma opção, e isto por duas razões. A primeira é tradicional e relativamente secundária: a partir do momento em que há desigualdade econômica, a não ser que ela não seja inteiramente secundária e trivial, a igualdade de participação no poder político torna-se um engodo. Mas, sobretudo, já me expliquei longamente em outro lugar, o essencial para que haja uma renovação política, para que haja verdadeiramente uma nova marcha rumo a uma sociedade autônoma, é a *destruição* da mentalidade economicista. E a mentalidade economicista, que é a mentalidade dominante no mundo contemporâneo, no mundo capitalista, evidentemente se instrumenta essencialmente na psicologia dos indivíduos pela desigualdade dos desiludidos: tenho mais do que você, tratarei de ter mais ainda etc.

Philippe Nemo. Então, da mesma forma que a democracia é, literalmente falando, um milagre, é o "milagre grego" que poderia muito bem não ter acontecido e que poderia muito bem desaparecer, já que a igualdade da participação de todos no poder não está nas coisas...

Cornelius Castoriadis. Com certeza...

Philippe Nemo. ... e não está na natureza...

Cornelius Castoriadis. É uma criação humana.

Philippe Nemo. ... Sim, e se fosse preciso ter aí uma outra natureza, seria muito mais uma natureza desigual. Em todo caso, não é uma objetividade... Da mesma maneira, o milagre de uma recusa desta mentalidade economicista poderia acontecer se a sociedade o decidisse. Ainda é preciso que ela seja livre, e isto nos conduz à conclusão sobre uma ideia extraordinária que você desenvolveu em seu último livro, *Diante da guerra*, no qual você também descreve uma criação histórica, que é a União Soviética – não se sabe mais se é preciso dizer o "comunismo" ou outra coisa, porque parece que seja ainda alguma coisa específica – e você a define, é isto que é original, como o primeiro regime na história ou como o único regime, ou o regime em que isto é particularmente verdade, que não admite a arte. Tudo o que dissemos sobre a arte, ele não admite, e você diz que todas as outras sociedades que conhecemos, mesmo as sociedades arcaicas, as sociedades religiosas, algumas totalitárias ou algumas que puderam ser autoritárias, elas admitem, elas eram compatíveis com a emergência das artes. E não a União Soviética. Será que você poderia, de maneira breve, dizer alguma coisa a este respeito.

Cornelius Castoriadis. Sim. Não digo que na Rússia "não se admite" a arte: ao contrário, exteriormente, eles fazem de conta que a encorajam etc. O que digo é que o regime – o regime como tal, que é preciso distinguir do povo russo – não só não produziu nada belo, e nisto ele fez estréia histórica, se posso dizer, mas é caracterizado por aquilo que chamo um ódio positivo, um ódio afirmativo do belo, ou seja, daquilo que a arte dá. E creio que isto está profundamente ligado à natureza do regime *e* à natureza do belo. Porque o belo *tira* o ser humano do mundo instituído tal qual ele é...

<*Música*: início do *Réquiem* de Mozart.>

3

O ESCRITOR E A DEMOCRACIA*

CORNELIUS CASTORIADIS. "Comecei a escrever, operação silenciosa dentre todas, para opor-me ao barulho das controvérsias e das batalhas de nosso século. Escrevi, e continuo a escrever, porque concebo a literatura como um diálogo com o mundo, com o leitor e comigo mesmo – e este diálogo é totalmente o contrário do barulho que implica nossa negação e do silêncio que nos ignora. Sempre pensei que o poeta não é só aquele que fala, mas aquele que escuta."

Nestas linhas do discurso de aceitação do Prêmio da Paz em Frankfurt (outubro de 1983), vindo depois da lembrança de que ele "nasceu em 1914, ano fatídico", Octavio Paz nos coloca sem dificuldade no coração de nosso tema: o escritor e a democracia. Gostaria de isolar três temas distintos e ligados.

Para escrever, "operação silenciosa dentre todas", Octavio Paz quer "opor-se ao barulho das controvérsias e das batalhas de nosso século". Este barulho não é metafórico e não é simples barulho. É o sofrimento, a destruição e a morte – entre outras, mas não exclusivamente, os dez milhões de mortos da Primeira Guerra e os setenta milhões da Segunda Guerra, as do Gulag, as de Auschwitz. O escritor se opõe de maneira aparentemente derrisória, através de sua arte, aos massacres e à loucura coletiva, ao barulho que acompanha e consuma a morte.

---

* <Encontro-debate entre Cornelius Castoriadis, Octavio Paz, Jorge Semprun e Carlos Barral por ocasião da Festa do livro de Aix-en-Provence (4 de junho, 1988), publicado em Détours d'écriture, n. 13/14, número consagrado a O. Paz (primavera-verão 1989), p. 119-129.>

Mas este barulho, que ele tome a forma extrema na guerra ou uma forma trivial e aparentemente anódina, barulho das cidades engarrafadas e populosas, dos estádios de futebol, da televisão, deve ser combatido porque destrói o essencial, "o diálogo com o mundo, com o leitor e consigo mesmo". O poeta não é somente aquele que fala, é também aquele que escuta. Ele é tomado pela exigência do diálogo: diálogo com o leitor, mais frequentemente anônimo e coletivo, mas às vezes, como em nossos dias, leitor em carne e osso. Esta exigência de diálogo, de falar e de deixar falar, de escutar e de fazer escutar, é também o que define, em um outro nível, mas sem deslizamento de sentido, o meio termo vital da democracia.

Enfim, o diálogo é também "diálogo com o mundo" e "consigo mesmo". O escritor escreve, fala, escuta, e com isto entra em diálogo consigo mesmo, o que pode parecer simples, mas não é de forma alguma. Ele entra também em diálogo com o mundo, porque tal é o milagre da poesia, da escrita, da arte em geral e também do pensamento. O que até agora parecia e era mudo, o mundo no sentido mais amplo e mais profundo, põe-se a falar e a nos escutar.

Não se trata de jogos de metáforas. Não tenho a experiência da criação ou da escrita poética. Mas minha experiência no campo da reflexão me faz dizer que, quando pensamos, refletimos ou escrevemos, escutamos. Escutamos a coisa e frequentemente a escutamos dizer "não", outras vezes escutamos quase dizer "sim", ou a vemos fazer um sinal ou mesmo um sorriso, e este sinal, este sorriso é a alegria, a única, daquele que pensa.

Passamos a maior parte do tempo de nossa vida na superfície, tomados pelas preocupações, pelas trivialidades, pelo divertimento. Mas sabemos, ou devemos saber, que vivemos sobre um duplo abismo ou caos, ou sem-fundo. O abismo que nós próprios somos, em nós mesmos e para nós mesmos; o abismo atrás das aparências frágeis, o véu esfacelado do mundo organizado e mesmo do mundo pretensamente explicado pela ciência. Abismo: nosso próprio corpo desde que ele se desarranje minimamente – aliás, o resto do tempo também, mas não pensamos nisto; nosso inconsciente e nossos desejos obscuros; o olhar do outro; a volúpia, tenazmente aguda e perpetuamente inapreensível; a morte; o tempo, sobre o qual depois de vinte e cinco anos de reflexão filosófica sempre não sabemos o que dizer; o espaço também, esta incompreensível necessidade para tudo o que é de se confinar em um aqui ou acolá; mais geralmente, a criação/destruição perpétua que é o próprio ser, criação/destruição não só das coisas particulares, mas das próprias formas e das leis das coisas; abismo, finalmente, o a-sentido atrás de todo sentido, a ruína das significações com as quais queremos revestir o ser, como sua incessante emergência.

Deste abismo, deste caos, a humanidade sempre teve uma percepção ao mesmo tempo aguda e confusa. Ela sempre experimentou seu caráter ao mesmo tempo intolerável e inultrapassável, respondendo a isto através das instituições sociais e, sobretudo, através daquela que, quase por todo lado, foi a componente nuclear, a religião. Ela reconhece este abismo chamando-o de transcendência, ao falar da finitude do homem. Ela recobre e oculta este abismo ao mascará-lo sob formas e figuras precisas, figuras de deuses, lugares, falas e livros sagrados destinados a captá-lo, a domesticá-lo nem bem nem mal, a torná-lo comensurável àquilo que, para nós, pode fazer sentido. É nisto que a religião é, para utilizar um termo psicanalítico, uma imensa formação de compromisso. A materialização – o documento tornado notório – deste compromisso é o Sagrado. O Sagrado se apresenta como, e pretende ser, a manifestação, a realização precisa e circunscrita do abismo no mundo das aparências: Deus na igreja ou Deus em um pedaço de pão – a "presença real". Da duplicidade invasora deste compromisso há talvez poucos exemplos mais manifestos que a missa cristã dos mortos: reconhece-se aí ao mesmo tempo o nada da existência humana – *pulvis, cinis et nihil* – e afirma-se a certeza de uma felicidade eterna no seio de um Pai infinitamente bom.

O que isto tudo tem haver com o escritor e a democracia?

O escritor, em certo tipo de sociedade, precisamente aquela em que a democracia começa a germinar, como o artista em geral ou, de outra forma, o pensador ou o filósofo, recusa esta ocultação do abismo. Se ele entra em diálogo com o mundo e com os outros, como o diz Octávio Paz, não é para atenuar, esconder, consolar ou edificar, mas para desvelar, furar os véus de nossa existência instituída e constituída, fazer aparecer o caos. E, paradoxalmente, ele faz isto dando ao caos uma outra forma que aquela que, institucionalmente, o recobre, uma forma que realiza este prodígio de apresentar sem ocultar. A forma artística é ao mesmo tempo forma do caos e forma que está diretamente voltada para o caos. Ela é passagem e abertura para o abismo. É este dar forma ao caos que constitui a *katharsis* da arte.

Aqui, é preciso introduzir uma distinção capital. Falamos do escritor e da democracia. O escritor é aquele que escreve. Qual é a relação do escritor do *Bhagavad Gita* e a democracia? Do escritor do *Livro de Jó* e a democracia? Escrevia-se muito tempo antes que houvesse democracia; escrevia-se e compunha-se oralmente de maneira admirável. Mas, sem querer nem poder estabelecer um corte muito absoluto, o escritor tal qual entendemos começa a existir quando o liame da sociedade com a religião é rompido ou fundamentalmente modificado. Esta ruptura ou modificação é a ruptura da heteronomia instituída, o início da colocação em questão da sociedade por si mesma e dos indivíduos por si mesmos. Assim, Isaías ou Jeremias, aliás, por mais admiráveis e importantes que eles sejam – como apesar disto os autores dos Evangelhos ou Paulo –, não são escritores no sentido que entendemos, e no sentido implicado pelas linhas de Octávio Paz que citei agora pouco. Isaías ou Paulo não estão no diálogo. Eles não têm nada a escutar e a entender que venha dos outros homens. Eles têm de transmitir as mensagens e as injunções que devem ser levadas em consideração ou abandonadas, já que são *reveladas*. Mas o verdadeiro escritor não é o escriba da Revelação. A escrita de livros sagrados, não mais do que a escrita de divertimento, não revela o diálogo com o mundo e com os outros.

Mas se consideramos a linha dos escritores que é preciso chamar de *laicos* (*laos*: povo), e que começa para nós com os Gregos, constatamos outra coisa. O escritor – poeta, filósofo ou mesmo o historiador – abala as certezas instituídas, coloca em questão o mundo no e pelo qual a sociedade criou um nicho, desvela o abismo ao dar-lhe uma forma e pelo próprio fato que lhe dá uma forma. Ao fazer isto, o escritor participa essencialmente da instauração da democracia – sem a qual, porém, ele próprio é impossível e inconcebível.

Alguns exemplos ilustrarão o que quero dizer.

Por volta de 700 a.C. aparece Arquíloco, o primeiro poeta lírico e satírico. (Notemos a impossibilidade de uma poesia satírica nos Hebreus, por exemplo.) Ele conta, em alguns versos que nos foram transmitidos, como em uma batalha jogou seu escudo para se salvar ao fugir, e que ele pouco se preocupa, já que pode comprar um outro. Arquíloco torna-se um poeta admirado por uma sociedade de guerreiros-cidadãos, para os quais virtude significava também e, sobretudo, bravura, e jogar o escudo era a infâmia suprema (*rhipsaspis*, aquele que jogou seu escudo, é em grego antigo um insulto definitivo).

O eixo central do *Prometeu* de Ésquilo é a discussão acalorada da questão do poder, da tirania de Zeus e da tirania de todo poder instituído, de sua brutalidade e de sua injustiça intrínsecas e necessárias, como também a insistente lembrança do caráter transitório de todo poder. É preciso lembrar que Ésquilo – que se diz, aliás, profundamente piedoso – não fala do poder de uma estratégia da cidade, mas do poder do mestre dos deuses e do mundo, Zeus.

Na *Antígona* de Sófocles (em torno de 440 a.C.), apresentada a – e coroada por – uma sociedade que era muito piedosa, mas que também inventou um modo único de manter os deuses e a religião à distância dos afazeres humanos, encontramos o famoso verso sobre o qual tanta superficialidade foi dita: "Muitos são os terríveis, mas nada é mais terrível (*deinon*) que o homem". Será que levamos os poetas a sério? Não creio. Ninguém parece ter notado a enormidade de afirmações do poeta que se colocará, sem ao menos o dizer, na conta de hipérbole poética. Mas Sófocles sabe o que diz. Ele diz claramente, diante de um público de cidadãos piedosos, que nada é mais terrível que o homem. De todos os seres, o homem é o mais terrível (*deinos* vem de *deos*, terror, pavor). Como é possível? Ele seria mais terrível do que os próprios deuses? Por certo, e os versos que seguem mostram o sentido que o poeta dá a esta asserção – o sentido profundo e verdadeiro, não importa o que se pense dos deuses. Os deuses são terrivelmente potentes, incomensuravelmente mais potentes do que os homens – mas eles não são terríveis, *deinoi*. Por quê? Porque são o que são, e têm os poderes que têm, de nascença ou por natureza. Atena não *se* faz sábia, ela *é* sábia, ela é a sabedoria. Hefesto não inventa a fabricação, ele não *se* inventa fabricando, ele *é* a fabricação. Mas os homens *se fazem* – eles inventam, criam, instituem, e nisto e por isto eles são terríveis, apavorantes, formidáveis, imprevisíveis. O pensamento de Sófocles – pensamento profundamente democrático – é a autocriação e a auto-instituição do homem. Sófocles conclui seu *stasimon* dizendo que o homem conduz tudo e conduzirá tudo a seus poderes por suas criações. Duas são, ao menos, as coisas que ele nunca poderá dominar: a morte, com certeza, e sua própria cisão radical, sua natureza fendida em duas que leva ora em direção ao bem e ora em direção ao mau.

Quando, depois da longa noite que vai do século IV ao XII, o movimento histórico emancipador ressurgiu na Europa ocidental, também aparecem novos escritores críticos, cuja força culminará em Cervantes, Rabelais, Montaigne ou Francis Bacon. Mas é preciso parar um momento em Shakespeare, sem dúvida o maior poeta da Europa moderna, para fazer ver em que sentido o grande escritor põe em dúvida a instituição estabelecida pela sociedade. A importância política de Shakespeare não reside somente nas suas "tragédias do poder" (o "grande mecanismo" de Kott[13]). Ela consiste em que sua obra, criada durante uma época de intensas preocupações religiosas, é radicalmente a-religiosa, para não dizer pagã. O mundo de Shakespeare não ignora o sobrenatural, mas ignora pura e simplesmente o Deus cristão. Deus não está aí, ele foi embora sem deixar endereço. E, ao mesmo tempo, neste momento em torno de 1600, momento em que o homem europeu já partiu, cheio de confiança

[13] <J. Kott, *Shakespeare notre contemporain*, Paris, Julliard, 1963.>

nele mesmo, rumo a conquista de todos os mundo e de todos os poderes, Shakespeare o agarra pelo colarinho e várias vezes, mas principalmente em *Macbeth,* ele o obriga a escutar esta verdade inultrapassável: "O homem é um pobre ator gesticulando em cena... A vida é um conto contado por um idiota, barulhento e furioso, significando nada".[14] Ainda aqui pergunto: ousamos levar os poetas a sério? Ousamos escutar este desafio último lançado a toda significação estabelecida?

Em seguida, os exemplos tornam-se muito numerosos para que possamos sequer pensar em evocá-los. Para todo este período vale o que Octavio Paz escreveu em relação à primeira metade do século XX: "[...] a crítica do Ocidente foi obra de seus poetas, romancistas e filósofos". Só mencionarei um caso, porque ele está próximo de nós, próximo do coração de Octávio Paz e também do meu: o de André Breton e do surrealismo. Para além do engajamento político preciso e temporário expresso pelo título *O surrealismo a serviço da Revolução*, a importância crítica do surrealismo se encontra neste enorme esforço visando a reforma do entendimento humano, a reforma do ser humano, a reforma da apreensão do mundo pelo homem, a destruição da rede rígida das significações estabelecidas que nos escondem as coisas e nos esconde a nós mesmos a fluidificação do sentido.

O que significa tudo isto, a não ser que o escritor entretém uma dupla e profunda relação com a democracia?

Por um lado, ele é um dos autores e dos atores mais importantes da colocação em questão de si mesmo, da reflexão sobre si que é a essência da democracia. Por outro, em uma sociedade que não pode mais viver sobre o solo da religião, ele é, junto com o artista e o filósofo, aquele que lembra aos homens que eles vivem sobre o abismo, e não o tenta mascarar com vãs esperanças e falsas promessas.

[14] Eis a citação tal como se encontra em Macbeth segundo o próprio texto de Shakespeare: "Que a vida é uma sobra ambulante: um pobre ator que gesticula em cena uma hora ou duas, depois não se ouve mais; um conto cheio de bulha e fúria, dito por um louco, significando nada" (W. Shakespeare, *Macbeth*, trad. Manuel Bandeira, Rio de Janeiro, Paz e Terra, 1996, p.102 [N.T.]).

Octavio Paz o dizia esta manhã, "o papel do poeta é dar ao mundo sua presença". Eu não falo, e não acredito que ele fale, da saúde pela arte. Falo da única saúde possível que pressupõe a destruição da própria ideia de saúde. Se o poeta salva, é escutando e fazendo falar o que é, sem o mascarar; está aí sua diferença com o profeta e o religioso. Se tais poetas podem ainda surgir no contexto niilista contemporâneo – que Octavio Paz descreve tão bem –, é uma questão que não posso senão deixar em aberto.

Algumas palavras, para terminar, sobre o termo democracia. Ao falar esta noite, entendo com isto, como sempre o fiz, alguma coisa que nunca foi, na Grécia como no Ocidente moderno, senão um esboço ou um germe. O *projeto* democrático é o esforço, não ainda realizado, de encarnar nas instituições, por pouco que se possa fazer, a autonomia individual e social. Em outras palavras, o projeto anda junto com a emergência e a afirmação da capacidade da sociedade de colocar em questão suas instituições e de mudá-la. Em termos filosóficos, a democracia é o regime da reflexividade. Isto quer dizer que a democracia pressupõe que não existe revelação, mas também não existe o saber absoluto, a *epistēmē* política, como acreditou Platão e depois dele tantos outros. A democracia é o regime da *doxa*, da opinião refletida visando a *phronēsis*, a sabedoria concreta. (É porque a democracia é o regime da *doxa* que ela deve recorrer ao voto e aceitar a opinião da maioria – solução que não pode nunca ser "fundada filosoficamente", mas que se impõe pela *phronēsis* pragmática.) Portanto, é também necessariamente o regime da crítica, da discussão e do diálogo, o que nos conduz às linhas de Octavio Paz que citei ao começar, mas também a um outro aspecto do papel do escritor na democracia: seu papel temporal ou conjuntural. Não podemos pedir ao escritor que seja um militante político, mas estamos no direito de esperar dele que esteja também em seu tempo, que escute a história se fazendo e seus contemporâneos, e que lhes fale sobre aquilo que os preocupa e que coloque em questão os riscos mais graves. É o que Octavio Paz soube fazer de maneira tão admiravelmente justa em tantas ocasiões.

Jorge Semprun. Gostaria de articular uma reflexão de detalhe sobre a exposição de Castoriadis a partir de uma citação de um texto recente de Philippe Lacoue-Labarthe que se intitula *A ficção do político*: "Quem, neste século, diante da mutação histórico-mundial sem precedente do qual ele foi o teatro, e o aparente radicalismo das proposições revolucionárias, que seja da direita ou de esquerda, não foi roubado? E em nome do que ele não o teria sido? Da democracia? Deixemos isto a Raymond Aron, ou seja, ao pensamento oficial do capital".[15]

Creio que este texto resume exatamente o contrário do que diz Castoriadis embasando-se naquilo que diz Octavio Paz. Certamente podemos fazer uma crítica filosófica deste pequeno texto e dizer: por que somente Raymond Aron? Por que não Orwell? Octavio Paz? Tantos outros autores desta ideia de democracia. Creio que o próprio Octavio Paz já teve esta experiência, talvez não tão direta, mas comparável, de ser criticado como porta-voz do Capital já que fala na América Latina em nome da democracia e defendendo a democracia. Mas gostaria de ir um pouco mais longe e pôr como questão, até o fim, esta concepção da democracia que se exprime radicalmente, porque muito enraizada, no texto de Lacoue-Labarthe. É verdade que no século XX houve nos intelectuais uma crítica permanente da democracia, com o adjetivo "parlamentário", com o adjetivo "formal" etc. E é verdade que esta crítica foi de direita assim como de esquerda. Mas creio que é preciso imediatamente diferenciá-las do fato de que todas duas fracassaram na prática em edificar sistemas totalitários. Porque a crítica de esquerda da democracia "formal", "burguesa" etc. sempre teve como propósito teórico de partida o alargamento da democracia, a ilusão de uma democracia mais direta, mais social, o gosto democrático da crítica. Ao passo que a crítica de direita e de esquerda foi um dos elementos permanentes de nossa vida e ele ressurge e ressurgirá em todos os próximos debates. Aí, alcançamos um outro aspecto que arrasta e se articula em torno do debate sobre a

[15] <Philippe Lacoue-Labarthe, *La fiction du politique*, Paris, Bourgois, 1987.>

modernidade, sobre a arte, porque há uma parte de verdade nesta aberração de Lacoue-Labarthe, é que não há até agora solução encontrada para a questão do autossuperação da democracia pela supressão do mercado. Não só do mercado da arte, mas dos mercados em geral. Encontramos aí o paradoxo das sociedades do século XX, assim como das sociedades do Leste: desde Lênin, tenta-se reintroduzir o marcado para que isto funcione, além do mais, em nossas sociedades somos obrigados a limitar o mercado para que também isto funcione, e que a justiça tenha um sentido. Então me pergunto se esta questão do mercado não está no centro de toda uma série de questões e de reflexões atuais. Pergunto-me isto depois da referência de Octavio Paz a Baudelaire. Baudelaire é precisamente no século XIX um dos poetas que pôs contraditoriamente, de maneira mais clara e mais incisiva, a questão da modernidade. Ele a pôs às vezes em uma espécie de pastoral antimoderna, às vezes em uma espécie de pastoral do modernismo, às vezes com uma espécie de reação negativa, e às vezes com uma visão muito justa e muito ajustada da modernidade urbana ou da democracia em geral. Baudelaire, quase da mesma maneira que Marx, em certo número de textos, fala do desaparecimento da *aura* do escritor e do poeta. Walter Benjamin, um século mais tarde, debruçando-se sobre a questão da arte na época de sua reprodutibilidade técnica, pôs também a questão do desaparecimento da *aura*. Temos aí uma continuidade de reflexão sobre o fato de que o mercado e as leis do mercado, depois de ter dessacralizado as instituições, depois de ter laicizado a vida política e social, criticam este último reduto do Sagrado que é a Arte.

Octávio Paz. É difícil acrescentar alguma coisa depois da luminosa intervenção de Castoriadis. Com efeito, a relação do escritor com o Sagrado, nas sociedades democráticas, é singular: ele é o transmissor e o transgressor, desvela o abismo, o "sem-fundamento" que é nosso fundamento, e ao mesmo tempo tira desta revelação sua autoridade religiosa. Castoriadis terminou sua intervenção com uma interrogação: será que isto tem algum sentido diante do niilismo contemporâneo? Direi mais:

em um mundo onde todas as ideias se tornaram opiniões igualmente legítimas, será que há ainda um lugar para a fala do poeta – esta fala que é, ao mesmo tempo, sacramento e blasfêmia sem deixar de ser fala do homem? Por seu turno, Jorge Semprun soube religar, com perspicácia, o problema do niilismo à questão do mercado. Encontro-me novamente de acordo com ele. Há um tipo de correspondência, nas sociedades desenvolvidas do Ocidente, entre a circulação das mercadorias, das ideias e das obras de arte. É o mesmo regime que regula a circulação das mercadorias, dos livros e dos quadros. Estamos livres da censura do bispo e do comissário para cair na ditadura impessoal do marcado. Talvez o niilismo consista nesta igualização entre as mercadorias e os valores. Temos a indústria do livro, e a arte se tornou um ramo do mercado financeiro mundial. Nenhum príncipe ou papa do Renascimento foi mais generoso do que os *marchands* de hoje com seus artistas. Mas eles são príncipes cegos que reduzem o valor da arte a seu preço. Compreendo as razões dos defensores do mercado: se não existe mercado veremos a imposição de uma ditadura econômica que produz, como nos países totalitários, a corrupção e a miséria. Mas a extensão das leis do mercado no domínio da cultura expõe os povos a perigos terríveis de ordem espiritual, moral e política, como vemos nos países capitalistas do Ocidente. Não tenho resposta a esta questão, pelo menos na situação atual do mundo. O remédio revolucionário revelou-se mais mortífero do que a doença. Mas sinto que é aí onde se encontra a fonte do mal que corrói e corrompe nossas sociedades.

Cornelius Castoriadis. Pode-se formular assim a grande questão: o que fundava a coesão das sociedades que conhecemos na história eram as crenças comuns em verdades substantivas, compartilhadas por todo o mundo, porque absorvidas pela educação de cada um, frequentemente sancionadas legalmente, como no Ocidente cristão pela Igreja todo-poderosa etc. A partir do momento em que a democracia moderna tenta se instaurar, tais verdades compartilhadas por todo o mundo aparecem também sob duas espécies diferentes (mas no fundo é a mesma coisa):

por um lado, o liberalismo com o imaginário do progresso indefinido, por outro, o marxismo proclamando a inevitabilidade de uma revolução que instauraria uma sociedade onde os homens poderiam dominar racionalmente suas relações com os seus semelhantes e com a natureza. Os dois projetos desmoronaram porque são intrinsecamente absurdos; os dois exprimem o imaginário de um domínio e dominação racional sobre a natureza e sobre a sociedade, os dois apoiam-se explicitamente sobre o fantasma da técnica todo-poderosa. Para ambos, era a "satisfação das necessidades materiais" que estava no centro dos interesses da humanidade. Inútil discutir essa ideia por si mesma; vemos o que se passa hoje. Os três quartos da humanidade não podem satisfazer mesmo elementarmente essas necessidades, e o último quarto restante está atrelado, como um esquilo a sua roda, a perseguir a satisfação das "necessidades" novas manufaturadas um dia depois do outro sob nossos olhos. Existia também a ideia, sobretudo em Marx, de que o crescimento das forças produtivas permitiram a redução do tempo de trabalho, e que o homem poderia desabrochar-se no tempo assim deixado livre. Ainda aí, sabemos o que se passou. Os homens e as mulheres dos países ricos têm, com efeito, tempo livre – e o que eles fazem?

É impressionante constatar que, depois da experiência da deriva totalitária do marxismo, depois do desmoronamento dos valores religiosos tradicionais e diante da incapacidade da sociedade moderna de suscitar objetos que possam cimentar a coesão social e mobilizar as pessoas, refugia-se em uma tentativa morna de ressuscitar o liberalismo tradicional, tanto econômico quanto político. É preciso classificar o que se entende por mercado e por mercado livre. As sociedades ocidentais não são sociedades de mercado livre. As economias encontram-se dominadas por grupos de monopólios ou oligopólios, dominação que se combina com uma intervenção massiva do Estado. Constatemos, em princípio, a utilização hipócrita feita atualmente do discurso do livre-comércio, que seja pelos Estados Unidos ou pela Comunidade Europeia. O livre-comércio é boa quando se trata de exportar suas próprias mercadorias e má quando se trata de importar as mercadorias dos outros. Observemos, em seguida, o que se passa na realidade nos mercados internos e, por exemplo, a estrutura dos preços. Se fizermos a lista dos produtos que compramos, constataremos que somente em uma minoria dos casos – talvez 15 ou 20% – que esses preços são formados por aquilo que um economista chamaria de processos do mercado. Em todos os outros casos eles são fixados por monopólios, oligopólios ou qualquer acordo, controlados ou subvencionados pelo Estado, onerado por despesas de publicidade enormes etc. Isto não impede que este pseudomercado continue a mostrar-se infinitamente menos ineficaz que a ditadura burocrática sobre a produção e o consumo. É evidente. Mas um verdadeiro mercado exige a soberania dos consumidores e a abolição dos poderes de monopólios e oligopólios. Enfim, tudo isto tem implicações políticas enormes. Porque a existência de desigualdades econômicas imensas na sociedade contemporânea não é só desagradável de um ponto de vista sentimental e filantrópico; ela se traduz por uma exorbitante diferença dos poderes políticos. O liberalismo contemporâneo quer fazer-nos acreditar que Bouygues, por exemplo, participa do poder tanto quanto um varredor municipal de Aix-en-Provence. O poder de Bouygues vem de seu lugar no topo de um império econômico e financeiro. A aquisição de uma cadeia de televisão por Bouygues é a tradução palpável do poder econômico em poder político. E este poder econômico, o mercado "livre" contemporâneo o secreta constantemente, como ele secreta, no meio do niilismo geral, o único objetivo a perseguir na vida, a acumulação de "bens" e a extensão de "lazeres", que na verdade não o são. Estão aí alguns dos verdadeiros problemas que temos de enfrentar.

Octavio Paz. Os problemas do relativismo e da pluralidade de opiniões nos conduziram à crítica do niilismo e à crítica do mercado. Com efeito, o mercado ocidental moderno é a máscara do monopólio. Em uma sociedade ideal, o mercado poderia talvez funcionar sem este impedimento. Mas seria preciso definir como um verdadeiro mercado de produtores e de consumidores poderia funcionar. O problema do mercado, em minha opinião, está ligado a um problema de ordem moral e política.

A incapacidade das sociedades modernas de criar um verdadeiro mercado no sentido da liberdade dos consumidores e não da rivalidade entre monopólios é um aspecto do problema geral. O outro aspecto é a incapacidade das sociedades ocidentais – e de sua fraqueza política diante do despotismo totalitário do Leste – de criar ideias de caráter comum que revelam o povo e acabam com a "privatização" da vida. Uma sociedade incapaz de mobilizar para grandes causas a opinião em um país é uma sociedade doente. Eis uma interrogação que dirijo a todo o mundo e a mim mesmo. Como podemos sair do niilismo ocidental?

Jorge Semprun. Somos inteiramente capazes, hoje, de criticar, de ir bem fundo e em direção àquilo que é mais justo na crítica de nossas sociedades, mas estamos nos interrogando: o que fazer? Já que não há um além previsível dessas sociedades e que o horizonte inultrapassável de nosso tempo não é o marxismo, o que é preciso fazer? É preciso procurar e encontrar no interior de nossa sociedade. E sobre este ponto sou menos pessimista do que Octavio Paz e talvez mesmo de Castoriadis no que diz respeito à sociedade atual. Sou menos pessimista sobre a incapacidade dos homens e das mulheres em resistir ao vazio dos lazeres e aos imperativos de uma televisão privatizada no sentido econômico. Há exemplos que o provam. Isto dito, o problema de fundo permanece este: somos confrontados com a necessidade de transformar nossas sociedades sem nenhum modelo de substituição. No âmago da crise, há isto. A democracia é o horizonte inultrapassável de nosso tempo.

Cornelius Castoriadis. Seguramente a sociedade reage, há tentativas de encontrar e de fazer outra coisa. Não vivemos em uma sociedade morta. A questão não é a ausência de modelos: os modelos não faltam, e, se eles se desmoronaram, não é por acaso. Um modelo é uma receita. O que caracteriza a época aos meus olhos é a ausência de projeto, de um crescimento em uma direção assumida pela coletividade. A essência do Ocidente foi a re-emergência do projeto de autonomia dos indivíduos e das coletividades em forma de par. Projeto ao mesmo tempo político e espiritual. É este projeto que parece entrar em uma fase de evanescência. Os verdadeiros conflitos políticos desapareceram (veja a página das eleições francesas de maio-junho). O vazio total no domínio político é acompanhado por uma crise flagrante da criação espiritual. Conjunção impressionante de duas ausências que marcam a fase presente – esperemos que seja curta – da história. Não se sabe por que as sociedades entram em fases de criação, de invenção, de expansão de seus modelos; mas ainda menos, talvez, por que elas entram em fases de decadência. Na civilização grega, excelentes poetas, tendo em vista a criação universal, surgem até 400 a.C. Depois da derrota de Atenas na guerra do Peloponeso não há mais guerra – guerra de mesma intensidade e esplendor. Há, sem sobra de dúvidas, Teócrito e Apollonius, mas quem os colocaria ao lado de Píndaro ou de Ésquilo? Octavio Paz dizia muito acertadamente que a democracia é a pluralidade; acrescentaria que é também a capacidade de distinguir o verdadeiro do falso, o sublime do suportável. Por que não existem grandes poetas gregos a partir do século IV? Não sei, mas é assim. (Seguramente, e felizmente, temos ainda poetas, escritores, pintores etc., mas me parece evidente que, se comparamos a época presente com, por exemplo, o que chamamos a grande fase da modernidade – de Baudelaire a 1930 –, a densidade não é, e de longe, da mesma ordem.) Não devemos religar este fato com a evanescência dos projetos políticos e sociais, com a glorificação do niilismo, do narcisismo, do hedonismo e de qualquer outra coisa? Impossível afastar a ideia desta atonia espiritual com um esgotamento do que eram as grandes significações imaginárias do Ocidente. Os únicos objetivos coletivos que esta sociedade parece capaz de se dar são marginais e filantrópicos: um barco para o Vietnam, Médicos do mundo etc. E ainda aí, impossível afastar a ideia de que eles compensem um remorso do homem ocidental saciado e confortável em face do destino do resto da humanidade.

É preciso que combatamos o mito de um indivíduo que cai do céu ou cresce da terra inteiramente pronto. Verdadeiros indivíduos – indivíduos individuados – aparecem efetivamente em uma escala significativa somente com as sociedades onde o movimento democrático desapareceu, e aquelas que os sucedem ou deles derivam. Por pouco que se conheça os gregos, é impossível confundir um verso de Ésquilo e um verso de Sófocles: os dois poetas são absolutamente individualizados. Eles são individualizados porque pertencem a uma sociedade em que os seres humanos não são fabricados em série pelas instituições. A mesma coisa é verdade para os tempos modernos. Quando lemos um excelente livro de um dos raros eruditos russos contemporâneos que escreveram coisas importantes sobre a história, *As categorias da cultura medieval* de A. J. Gourevitch,[16] vemos claramente que a ideia de individualidade está ausente da Idade Média, malgrado o que se conta sobre o cristianismo e a alma individual. Quando um autor medieval quer dar destaque a uma ideia nova, ele deve trapacear e atribuí-la a um autor antigo: o termo *novatio* é um termo depreciador e acusador. Avancemos alguns séculos – e torna-se impossível confundir Botticelli com um outro pintor. Esta libertação, esta verdadeira individuação do indivíduo é ela mesma um fenômeno político-social, e os dois se alimentam um do outro. Os indivíduos que querem libertar-se criam instituições mais livres e são estas instituições mais livres que permitem aos indivíduos a verdadeiramente se libertar. Pensar que podemos ser livres não importa quando e não importa onde é uma total ilusão. Descartes crê que ele reconstrói o mundo e que ele pensa livremente, esquecendo francamente tudo o que tem atrás dele – vinte e cinco séculos de pensamento interrogativo que ele conhece muito bem, e quatro ou cinco séculos de abalo do universo cristão medieval. É o que lhe permite dizer: posso duvidar de tudo. No século VIII, ele não teria duvidado de nada.

Jorge Semprun. Estou de acordo com Castoriadis quando diz que não sabemos por que nem quando começa o declínio de uma sociedade. É evidente. Portanto, que hoje em dia, fazer um prognóstico sobre

[16] <Aaron J. Gourevitch, *Les catégories de la culture médiévale* [As categorias da cultura medieval], trad. fr., Paris, Gallimard, 1983; ed. original, 1972.>

nossas sociedades, saber se estamos em uma fase de declínio ou não, é uma questão para pôr entre parêntese porque não podemos elucidá-la. Mas creio, em compensação, que estamos em um período de crise profunda da sociedade que tem evidentemente aspectos desconcertantes, de desassossego, mas também de aspectos muito positivos. Creio que um tratamento relativamente longo de não-projeto social nos é muito necessário. Estou hoje menos inquieto do que Paz e Castoriadis por causa desta ausência de projeto, reconhecendo que uma sociedade não funciona verdadeiramente sem certo número de projetos coletivos e comunitários. Sofremos bastante com a hegemonia, estamos tão traumatizados pelo impasse deste projeto global de sociedade feliz e de futuro radiante que um tratamento geral – mesmo feito de privatização ou de dobra – não é de forma alguma inútil. É preciso lembrar como isto funciona. É preciso saber que esta crise faz parte da nossa maneira de sairmos dela. Temos razão quando criticamos os aspectos limitados de nossas oligarquias liberais, mas é preciso assim mesmo dizer que vivemos um período em que, malgrado a ausência de grande projeto coletivo, coisas importantes acontecem. Por exemplo, pela primeira vez, começa haver germes de democracia na América latina. Pela primeira vez, assistimos também a esta espécie de publicidade da *perestroika* e da *glasnost*, ou seja, a ideia de que este sistema pode se democratizar. Creio que é preciso assim mesmo reconhecer que malgrado nossas limitações a democracia não se porta assim tão mal.

Carlos Barral. Sem retornar ao princípio inteiramente arcaico e aristotélico de modo que a natureza teria horror ao vazio, desconfiaria da ideia de Jorge Semprun que consiste em dizer que um grande tratamento de retirada das ideologias nos convenha, porque acho que, na sociedade francesa atual, há assim mesmo ideologia no ar. E uma ideologia que me parece bestial. Não posso encobrir meu rosto diante de tudo isto dizendo que é preciso fazer um tratamento de desintoxicação no momento em que vejo ideologias primárias e profundamente antidemocráticas, curar mordida de cão com o pelo do mesmo cão. Gostaria que o partido comunista se desmoronasse, mas não acho particularmente divertido que certos bairros trabalhadores vejam a subida do Fronte nacional. Não posso chamar isto um tratamento de ruptura das ideologias <...>. E, em relação à questão de Castoriadis "que projeto podemos ter?", quero mesmo que se procure o mais longe possível. Mas se passa que sempre temos valores da democracia que no final das contas é preciso escolher. Devemos pô-los como uma escolha de valores que, em certa medida, constituímos como absolutos. Não é um saber absoluto, mas é uma escolha de valores que constituímos como absolutos. Este projeto de valores da democracia e, em certas condições, da Declaração dos direitos do homem deve sempre ser retomado e tornado vivo em nossas sociedades que evidentemente são trabalhadas por todos tipos de forças de inércia. Em face de todas essas forças de inércia, o primeiro elemento – talvez um pouco clássico demais, mas verdadeiro – que me parece uma resposta é revitalizar o próprio projeto democrático, de voltarmos ao âmago de nossos valores democráticos em face daquilo que os ameaça constantemente.

4

FUNÇÃO DA CRÍTICA*

Estamos diante de um tema imenso que concerne de muito perto todos os aspectos da cultura e da sociedade contemporânea. A crítica propriamente literária não é meu domínio. Mas nos setores que me preocupam, a filosofia e as disciplinas social-históricas, constatam-se numerosos fenômenos dos quais uma inspeção rápida mostra que eles afetam todos os setores da produção ou da criação escrita, e não somente escrita, já que se poderia falar no mesmo sentido e no mesmo espírito da música, das artes pictóricas ou da arquitetura. Falei desta situação já faz muito tempo ao protestar contra "a vergonhosa degradação da função da crítica na França contemporânea".[17] Comecei com uma breve evocação, não do que é, mas do que deveria ser, partindo *de lege ferenda* e não *de lege lata*.

Não se trata de fazer comparações com uma idade de ouro passada da crítica, idade de ouro como sempre fictícia. Trata-se de exigências de uma sociedade democrática no sentido verdadeiro do termo. Em tal sociedade, a função da crítica é vital, no nível da cultura como em todos os outros. Porque talvez a melhor definição que se pode fornecer da democracia é aquela de um regime de autorreflexividade coletiva. Em uma democracia, a coletividade e os diversos grupos que a compõem fazem parte do que antigamente se chamava *agora*, e que defino como o espaço público/privado: espaço público,

* <Texto da conferência ministrada por Cornelius Castoriadis em um Colóquio sobre a "Ética da escrita", organizado pela associação SOCLE em Paris, 1991.>

17 Ver "L'industrie du vide" ["A indústria do vazio"], *Le Nouvel Observateur*, 4 de julho, 1979, retomado em *Domaines de l'homme [Domínios do homem]*, op. cit., <reedição "Points/Essais", 1999, p. 32-40.>.

porque aberto a todos, espaço privado, porque não submetido às decisões da potência política pública. Ora, esse espaço não pode existir como espaço democrático senão na medida em que nele se exerce uma reflexividade radical, a saber, uma crítica recíproca que não reconhece nenhum tabu e nenhum limite e que é subtraído, o mais que se possa fazer, da influência de interesses estranhos à substância das coisas de que se trata. Em tal democracia – que não é uma ideia reguladora situada em um horizonte infinito, mas em um projeto cuja realização efetiva é possível e constitui o único imperativo político ao qual nos devemos submeter –, esta função crítica deveria ser exercida por todos. Porque é evidentemente na *agora*, no espaço público/privado, que os cidadãos podem constantemente exercer sua reflexão e seu juízo – reflexão e juízo sem os quais o espaço público propriamente dito, a *ekklēsia*, cairia rápido sob a influência dos hábeis e dos demagogos.

Crítica, do verbo *krinō*, significava separar, distinguir – o bom grão do joio –, depois julgar. Faculdade crítica: faculdade de separar, de distinguir, de julgar. Não a faculdade de julgar abstratamente em geral, mas a faculdade de julgar efetiva e aplicada, a qual pressupõe uma capacidade de dirigir o juízo sobre *o que*, concretamente, se apresenta. Se esta faculdade, em sua acepção filosófica abstrata, não pressupõe nada e é necessariamente apresentada por todo lado em que há motivo, em seu exercício concreto e correto ela pressupõe precisamente o *exercício*, ela se desenvolve em função de uma formação, de uma educação, de uma *paideia*. Por educação entendo não o que se passa nas escolas, mas o conjunto de influências às quais o indivíduo é exposto, que começam com o nascimento e terminam com a morte.

O problema da crítica é o problema de um triângulo formado pelo autor, o crítico e o público. Nenhuma destas três entidades pode desempenhar um papel, benéfico ou maléfico, sem a sinergia, a cumplicidade dos dois outros. Esta sinergia, a instituição social faz com que ela seja quase sempre assegurada; isto caminha junto. Da mesma forma que um povo tem o governo que merece, assim também um público literário tem os críticos que merece, e reciprocamente, é verdade, mas com algumas exceções.

Encaremos, agora, a situação real hoje na França. Formação do público: comecemos pelo que é mais facilmente reparável, a formação formal, a educação no sentido estrito – no sentido do "mistério da Educação" –, ou seja, da escola. Poder-se-ia criticar em muitos sentidos, e com razão, a escola "tradicional" francesa, aquela, digamos, vigente a quarenta anos. Mas essas críticas não têm relação com as "reformas" catastróficas sucessivas da qual essa escola foi, desde então, o objeto. Um exemplo aparentemente fora de nosso campo: as novas instruções "pedagógicas" do ministro da Educação impõem aos professores de matemática ensinar apenas os enunciados dos teoremas, sem demonstração, e de fazê-los praticar somente os exercícios. Eis algo muito característico e completamente na lógica do sistema atual. Em um programa de educação concebido corretamente, ensinam-se as matemáticas aos alunos não para que eles aprendam esse ou aquele teorema, menos ainda para ensinar-lhes a resolver exercícios: ensinam-se as matemáticas para que os alunos aprendam e compreendam, pelo menos uma vez em suas vidas, o que é uma demonstração rigorosa. Mas, no espírito do ministério, as "matemáticas" visivelmente só servem para fazer bricolagem – e para fazer bricolagem, uma demonstração rigorosa não é útil, ela é com mais razão incômoda. Poder-se-ia, além disto, continuar: o que seria preciso ensinar aos alunos é, diria Aristóteles, saber distinguir os casos em que uma demonstração rigorosa é exigida e aqueles em que a verossimilhança é suficiente.

Deixemos a escola para nos dirigirmos ao mundo social em geral, aquele da *paideia* permanente. Podemos afirmar, sem o risco de ser contradito, que é uma outra *paideia* à qual os indivíduos são submetidos, pelo simples efeito da construção urbana, vivendo em Siena e vivendo em La Courneuve. Outro efeito exercido por Saint-Germain-l'Auxerrois e outro aquele exercido pela Ópera Bastille. Os critérios são, na época atual, por todo lado deformados e destruídos: pelos horrores arquitetônicos, pelos espetáculos da televisão etc.

Não há outra coisa para o público em geral. Aproximemo-nos, agora, das críticas. Ofício muito difícil, função terrivelmente pesada e mesmo perigosa, da qual me parece certo que a grande maioria dos críticos contemporâneos executam com uma consciência mais do que frívola. Evidentemente, não se trata para a crítica de se substituir ao público para julgar, mas de lhe fornecer uma parte dos meios e, notadamente, as informações necessárias para julgar. Não se trata de crítica "científica" ou de asneiras althusserianas sobre a ciência da produção literária; trata-se do dever elementar da crítica que é ser informativa e argumentativa, de permitir ao público formar um juízo provisório argumentado sobre a qualidade das obras discutidas, de incitá-lo a ir ver de mais perto – ou, em caso de necessidade, de dissuadi-lo. Esta função se tornou muito mais importante, e muito mais perigosa, em uma época em que cada mês são publicados milhares de livros e que a maioria deles somem das livrarias algumas semanas depois. Digo perigosa porque evidentemente não existe, e nunca poderia existir, garantia de que a crítica denunciará somente o que vale a pena e eliminará somente o que é "ruim". Todo ofício humano comporta riscos, estes riscos devem ser assumidos, mas assumidos com responsabilidade, e é esta que se torna uma mercadoria cada vez mais rara.

Enfim, mas não posso senão me referir rapidamente a isto, há a responsabilidade dos próprios autores. Todo autor é, ou deveria ser, seu próprio crítico, e contaríamos normalmente com que esta autocrítica se exerça constante e automaticamente. Se ideias lhe ocorrem e de pronto se põe a escrever, é teoricamente impossível que esta atividade não se acompanhe, mesmo em um segundo momento, de um juízo sobre o que se faz, de uma voz que lhe diz: não, isto não serve; ou: isto poderia ser dito de outra maneira etc. Escrever é uma atividade criadora, ela surge de uma imaginação livre, mas os produtos desta devem ser submetidos a uma instância reflexiva, crítica, interna ao autor. É esta instância interna que tende a se enfraquecer em função do clima geral da época e mais particularmente de considerações comerciais, publicitárias etc.

O conjunto desses fenômenos se inscreve em uma evolução social-histórica geral que produz um conformismo generalizado. Alguns encontram em Tocqueville meios para ver aí uma fatalidade da "democracia". Em princípio, não estamos em uma democracia, vivemos sob regimes de oligarquia liberal; em seguida, não vejo o que permitiria afirmar que a vulgaridade seria o pendor fatal da democracia. A vulgaridade contemporânea é o efeito da mercantilização geral, já quanto o triângulo autor-crítica-público está cada vez mais mergulhado nesta mercantilização, em uma cumplicidade recíproca, tácita da parte do público, explícita entre autores e críticos por intermédio das casas de edição.

Quando avanço este gênero de formulações, comportam-se como se tratasse dos humores de um excêntrico atrabilioso. Mas quando se trata da crítica literária, da corrupção e da nulidade dos políticos, ou das aberrações da gloriosa "economia de mercado", os fatos estão aí, nos jornais, expostos cotidianamente, lidos pelos tocquevillianos (pelo menos é preciso supô-lo), mas esquecidos por estes mesmos tocquevillianos quando fazem "teoria" ou "filosofia política". Um único exemplo no domínio que nos ocupa. *Le Monde* – do qual não diremos que é um jornal que procura escândalo – publicou no último outono três páginas inteiras sobre o que antigamente se chamou Galligrasseuil (e que agora é essencialmente Grassograssigrasset), a saber, as editoras Gallimard, Grasset, Le Seuil, mostrando os mecanismos através dos quais estas três editoras dividem entre si, ano após ano, os prêmios literários e, sobretudo, o Prêmio Goncourt. É sabido que o Prêmio Goncourt assegura automaticamente uma tiragem que ultrapassa os cem mil exemplares. Os artigos do *Monde* expunham não só as explorações dos serviços de imprensa dessas três editoras, sobretudo de Grasset – poder-se-ia dizer que depois de tudo é seu ofício vender livros como outros vendem massas Panzani ou papel higiênico, e não vemos porque, na lógica contemporânea, deveria haver uma diferença –, mas como os próprios acadêmicos Goncourt, que atribuíam este prêmio, são ativamente a parte que recebe o dinheiro em todas essas negociatas. Escrevo uma crítica ditirâmbica para fulano e o apoio para o prêmio, no próximo ano, você indica para o prêmio o meu cavalo a sicrano etc. Coce minhas costas que coçarei a sua, dizem os ingleses.

Ainda uma vez, não comparo isto com uma hipotética idade de ouro. Grupinhos, máfias e camarilhas existiram em todas as épocas. Ainda que possamos perguntar-nos se as "camarilhas" que promoveram *Antígona*, Brunelleschi ou Wagner eram da mesma qualidade intrínseca que essas que promovem os gênios contemporâneos. O importante é que hoje não existe quase mais nada *a não ser* isto, a mercantilização invade tudo, ela não pode funcionar sem a fabricação contínua das "vedetes" da estação, esse processo se instrumenta em mercadorias de uma formidável eficácia como a televisão, isto tende a esmagar todo o resto e que tudo tende a se regular segundo o Audimat.

Terminarei com uma reserva, em parte "otimista" e em parte "pessimista". Tudo isto não é absoluto e a prova está em que – vou favorecer um pouco nosso orgulho gaulês ou francês – existem pelo menos duas publicações estrangeiras que, sem serem modelos perfeitos e impecáveis, preenchem mesmo assim a função crítica de que falava agora a pouco, a função informativa e argumentativa, e me permitem dizer: encomendo tal livro ou não. Refiro-me a *New York Review of Books*, bimensal, e o semanal inglês *Times Literary Supplement* (com altos e baixos em relação a este último). Seria ingênuo dizer que nestes dois casos os mecanismos descritos mais acima são inexistentes; é uma brincadeira corrente entre os intelectuais nova-iorquinos chamar a *New York Review of Books* de *New York Review of Our Friends Books*. Mas seus efeitos são de segunda ordem, há uma correspondência aberta permitindo defender os autores criticados ou atacar autores elogiados e, sobretudo, as resenhas são ao mesmo tempo informativas e argumentadas.

O lado "pessimista" de minha reserva está em que, enquanto sociólogo, considero estas duas publicações como manifestações não de uma vanguarda, mas uma retaguarda. São como últimas ilhotas de resistências em um mundo em que a cota da vulgaridade sobe todos os dias. Trata-se da vulgaridade e não do povo: vulgaridade e povo são dois termos antitéticos. E chagamos a um último paradoxo. Nesta sociedade que se vangloria de ser cada vez mais aberta, foi preciso criar um meio estatisticamente insignificante, e de fato fechado, que lê a *New York Review of Books* ou o *Times Literary Supplement*, ou na França um meio confidencial em que as opiniões sobre a qualidade das publicações propagam-se no boca a boca e um que assegura aos bons livros passados em silêncio pelos críticos uma difusão de 1.000 a 3.000 exemplares. Na espera de tempos melhores, não há dúvida de que esses meios marginais mantêm viva uma pequena chama.

Mas é ao mesmo tempo característico que não vejamos mais há muito tempo, em todo caso na França, verdadeiras discussões, controvérsias envolvendo riscos intelectuais. Ainda aqui prevalece o compromisso viscoso que é a essência do espírito da época, e o conformismo generalizado transformou o ex-vanguardismo afundado na banalidade pós-modera, religião do seja o que for.

Em resumo, a *agora*, a verdadeira esfera pública/privada, desaparece, substituída por um espaço homogeneizado, comercial e televisivo, marginalmente perturbado por algumas dissonâncias. Contrariamente às proclamações oficiais e aos discursos ideológicos dominantes sobre a "democracia" e a "sociedade aberta", vivemos, como alguns viram muito antes que outros tivessem redescoberto Tocqueville, em uma sociedade massificada e manipulada – e a oposição a tal sociedade é cada vez mais reduzida e corre o risco de vir a ser cada vez menos historicamente pertinente.

Terceira Parte

1

JANELA SOBRE O CAOS*

Agora, algumas palavras sobre a arte, lembrando, em princípio, o pouco que falamos por antecipação no começo do ano e que tentarei desenvolver. Seu modo de ser específico é, veremos o que é preciso entender com isto, o "dar forma ao Caos". Quanto à relação do sujeito com a obra, não se trata de *explicação* – mesmo se na obra de arte haja elementos que revelam o conjuntista-identitário –, nem de *compreensão* – ela não oculta nenhum sentido previamente depositado nela que esperaria sua imitação ou sua *hermēneia*, sua interpretação por parte de um sujeito –, muito menos de *elucidação*. A atitude do sujeito em face à obra é – não vejo palavra adequada em francês – *Zaubertrauer*, "encantamento-luto" (o que pode ser um dos sentidos da *katharsis* de Aristóteles) ou "luto encantado". Tradução pouco satisfatória, é verdade, mas porque *Zauber*, é com certeza a magia ou o encantamento, mas também o fato de ser surpreendido por alguma coisa que ultrapassa o curso normal dos acontecimentos. O que o luto vem fazer aqui é uma outra história: talvez falaremos disto mais tarde.

À guisa de introdução, gostaria de evocar um enigma, aquele da diferença entre a grande arte, a obra-prima e a recente produção artística. Por que esta diferença? E por que ela é tão importante? A questão não é: por que Bach é melhor compositor do que, digamos, Saint-Saës? Mas: por que há tal abismo entre Bach e Saint-Saës? Talvez seja um

* <As páginas que se seguem são a transcrição parcial de dois seminários ministrados nos dias 22 e 29 de janeiro de 1992 na EHESS (École des Hautes Études en Sciences Sociales).>

mau exemplo, porque Saint-Saës é lamentável; mas existem coisas que não são fixas que são belas: o que os diferencia, então, da Vitória de Samotrácia ou de um quadro de Rembrandt? Não é o caráter popular ou folclórico que é determinante: temos aí grandes obras e as recentes. Para mim, por exemplo, a canção popular grega que chamamos "O canto fúnebre dos albaneses" – vocês sabem que a metade dos gregos são mais ou menos albaneses – é música de alta qualidade, da mesma forma que o grande flamenco, o *cante jondo*. Trocaria toda a ópera italiana do século XIX, todo Gounod e o resto, por dez minutos do verdadeiro *cante jondo*. Logo, criações "populares" podem ser grande arte, e 99% dos produtos da arte "erudita" não o são. Tentaremos elucidar a arte sob os dois aspectos que tradicionalmente a estética sempre quis encobrir: do lado do objeto e do lado do sujeito. Quer dizer que tentaremos responder estas duas questões: o que é uma grande obra de arte, uma obra-prima? Qual é seu modo de ser específico? E, por outro lado, qual é a relação do sujeito (não me refiro ao criador) com a obra de arte que ele acolhe?

Para elaborar uma resposta a questão do modo de ser específico da obra de arte, é preciso fazer menção a significações filosóficas das quais falamos longamente os anos anteriores. Dissemos que o ser é ao mesmo tempo Caos e Cosmos. Para os seres humanos o caos é geralmente recoberto pelas instituições sociais e pela vida cotidiana. Uma primeira abordagem da questão da grande arte seria dizer que ela é desvelamento do caos mediante um "dar forma" e, ao mesmo tempo, a criação de um cosmos através deste dar forma. Desvelamento do caos porque a grande arte dilacera as evidências cotidianas, o "ficar junto" destas aparências e a sucessão normal da vida: para quem ama e compreende a música que escuta, o quadro que contempla, o tempo habitual e cotidiano são rompidos. Mas, ao mesmo tempo, a arte não pode operar este desvelamento do caos senão mediante o dar forma. E este dar forma é a criação de um cosmos: ainda aí temos a criação de uma forma sob um fundo. Problema enorme sobre o qual infelizmente não nos podemos estender: de certa maneira, uma grande obra de arte é absolutamente fechada sobre si mesma. Não tem necessidade de nada. Materialmente, ela precisa de impressores, violonistas, pigmentos coloríficos ou conservadores de museus, mas de fato não lhe falta nada. Aliás, é isto que os teólogos falam de Deus... Ao mesmo tempo, o que ela apresenta não é só ela mesma, não é só o caos, mas é também um cosmos no caos. Com toda evidência, qualquer grande quadro é um fragmento do mundo que se pode prolongar. Vocês podem prolongar *A ronda noturna* ou *As meninas*. Conta-se que, quando Stanislavski queria mudar a maneira de encenar de seus atores, ele os levava para uma cidade ao lado de São Petersburgo, fechava-os durante quinze dias e lhes dizia: "Agora, não se trabalha a peça: vocês irão *viver* como se vive em *As três irmãs* ou em *Macbeth*". É um "macete" do diretor, é verdade, mas genial, e que permitia aos atores compreender que em *As três irmãs* ou em *Macbeth* eles são "desviados" para um universo próprio que pode ser prolongado.

É em relação à criação de um cosmos que podemos compreender ao mesmo tempo porque Platão – que está aqui, evidentemente, na origem de tudo –, depois Aristóteles e outros se extraviaram com a teoria da *mimēsis*, da imitação, e o grão de verdade existente nela. A única *mimēsis* que há na arte – se não falamos de elementos materiais e secundários, retornarei a isto – é a do ser em geral: como o ser é *vis formandi*, da mesma forma a arte é *vis formandi*. É uma potência de criação, é este dar forma, mas não é uma *mimēsis* particular: a dança, a arquitetura, a música não imitam nada, elas criam um mundo. A música "imitativa" é evidentemente a variante mais medíocre da música. Lembro-lhes que, quando Beethoven escreveu uma sinfonia que chamou de "Pastoral", ele fez uma precisão sobre a parte do primeiro violino: "Trata-se de exprimir o afeto e não de fazer uma pintura". Não se trata de pintar a pastoralidade, trata-se de afetos do homem na natureza. Mas podemos dizer que a música imita os sentimentos humanos? Creio que não: a música *faz existir* sentimentos ou, em todo caso, lhes dá uma forma inexistente. Quem algum dia experimentou algo parecido antes daquilo que ele experimenta ao ouvir *A arte da fuga* de Bach? *A arte da fuga* cria um tipo de sentimento absolutamente único, que tentamos nem bem nem mal aproximar do que conhecemos ao falar de tristeza ou de algum outro pobre equivalente. Mas é um tipo de sentimento criado pela própria música, e ainda aí é um dar forma ao caos.

Bem entendido, a utilização da matéria não pode fornecer qualquer suporte à ideia de *mimēsis*. Em um grande romance, digamos *Em busca do tempo perdido* ou *A educação sentimental*, será que a arte imita a vida? É o material que é tirado da vida, como se toma cores para fazer um quadro. Não há imitação nisto. Há criação de uma forma, de uma história. É todo um mundo que é criado, a tal ponto que é uma delícia, em Balzac ou em Proust, acompanhar os personagens, encontrá-los, imaginar outros... A grande literatura, assim como a grande pintura, faz ver alguma coisa que está aí e que ninguém via; e, ao mesmo tempo, às vezes ela faz existir o que nunca esteve aí e que não existe senão em função da obra de arte. É verdade para a pintura e para a música, mas também para a dança, para a grande arquitetura (o Parthenon, Chartres ou Reims, Colônia). Pense em um romance como *O castelo* de Kafka. Ninguém viveu em um mundo como aquele, e todos nós já vivemos neste mundo uma vez que tenhamos lido *O castelo*: é isto a criação. Ou então leve em consideração o fantástico quadro que se chama *O monumento aos pássaros*, em que Max Ernst recria ao mesmo tempo os pássaros e a criação dos pássaros. Nenhuma imitação nisto: os pássaros aparecem aí somente como matéria. Porque quando falamos de grande arte o que pode aparecer como *mimēsis* é de fato apenas a utilização de uma matéria que, muito frequentemente – mas não sempre, longe disto – e em graus de qualificação, de formação diferente, já está aí, por exemplo, como a cor ou como o som.

Aos meus olhos, o exemplo mais forte – mas poderíamos encontrar outros – é *O castelo* de Kafka. Este romance cria um mundo que, bem entendido, tem numerosos pontos de contato com nosso mundo cotidiano, com o mundo empírico, mas toda a genialidade de Kafka – gênio talvez sem precedente relativamente a este ponto – está em que, se tudo é tomado no mundo habitual, desde as primeiras páginas sabemos que entramos em um outro mundo. Pode-se, então, contar histórias do tipo: Kafka é a burocracia. Ou então mostrar – o que Milan Kundera fez há dois ou três meses em um artigo da *New York Review of Books* – que sempre se fez vista grossa à fortíssima dimensão de sexualidade existente em *O castelo*. E ele tem razão: lembrem-se da famosa cena em que o agrimensor e Frieda sufocam-se no chão do café, em meio de escarros, pontas de cigarro e de poças de cerveja... Isto dito, não é aí que está a questão: mesmo esta sexualidade é outra. Mas, ao mesmo tempo, desde que entramos em *O castelo*, percebemos que esta defasagem inframilimétrica em relação à realidade, esta imperceptível torção que faz com que este mundo, cujos pedaços poderiam ser tomados da realidade, não será jamais o mundo da realidade cotidiana; e que aquele é mais real do que este.

Então, como é certo que nem sempre podemos falar ignorando o que os outros já disseram, às vezes temos a obrigação – a maioria das vezes muito fecunda, às vezes penosa – de abordar e de discutir, eventualmente refutar, o que é dito pelos outros. Tomemos o livro de Deleuze e de Guattari, publicado no último outono, *O que é a filosofia?* – título que talvez não seja ultra original, mas inteiramente válido, Heidegger já tinha se servido dele. Lemos aí que, se "a filosofia cria conceitos" – que ela cria, não é enorme descoberta: já dizia isto no prefácio ao meu livro *As encruzilhadas do labirinto*; conceitos, isto já é uma asneira, mas seria preciso discutir longamente –, "a arte, por sua vez, cria perceptos [agregados sensíveis]". Mas é evidente que *O castelo* não cria nenhum agregado sensível, a não ser em um sentido tolo e vulgar: leio o livro, então uso o aparelho óptico, o sistema nervoso central, o conhecimento da língua etc. *Em busca do tempo perdido*, *O pai Goriot* não criam agregados sensíveis. E no momento em que se poderia falar de agregados sensíveis – já que, bem entendido, há evidentemente o sensível na literatura, na escultura, na arquitetura e na dança –, este ser percebido ou experimentado está aí, ainda uma vez, *hōsper hylē*, "como uma matéria", teria dito Aristóteles. Bem entendido, esta matéria não é separável da forma. Mas isto vale para tudo: como disse o mesmo Aristóteles, é bobagem se perguntar se a faca é de ferro ou se ela é diferente do ferro. O ferro ao qual se dá certa forma é uma faca; ou uma faca é um ferro ao qual se dá certa forma, e a questão de sua separação é sem sentido. Não existe agregado sensível neste assunto – ou então vocês são um quadro ou eu sou um quadro... Podemos pegar uma fotografia, por exemplo, trivial ou maravilhosa. Ainda aí, encontramos esta distinção: certas fotografias são grandes obras de arte, malgrado o mecanismo do processo, e outras – turismo, festa de família, casamentos – são uma espécie de *mimēsis*, de restituição mais ou menos destra do que está aí. Mas aqui também não se trata de agregado sensível como tal: trata-se de uma forma ou de adequação da matéria à forma, como também, aliás, da forma à matéria, os dois sendo inseparáveis.

Depois do prelúdio orquestral do terceiro ato de *Tristão*, a primeira cena começa com uma inacreditável melodia, de uma tristeza – aliás, a palavra tristeza não é muito inteligente – que anuncia, que de certa maneira *é* o luto do que se passou e do que vai se passar, daquilo que, de forma inexplorável, não pode se passar. A melodia é muito bonita, Wagner era um exímio melodista; mas era também um excelente orquestrador: desde o primeiro acorde, sabemos que se trata de Wagner. Ora, esta melodia é confiada a um único instrumento, não há orquestração. E este instrumento não é qualquer um, é o corne-inglês. Descrever a sonoridade seria, ainda, fazer má literatura; digamos que ela é, nela mesma, muito nostálgica, muito triste e um pouco acre. E, ainda aí, é um golpe de gênio. Faço esta descrição para dizer que aqui, talvez, poderíamos introduzir as categorias de forma e de matéria, e fazer da melodia a própria forma. Em certo sentido, a melodia é algo inteiramente abstrato. Bach escreveu *A arte da fuga* sem especificar os instrumentos que a interpretavam (com exceção de uma parte, manifestamente escrita para cravo). De tal maneira que cada formação que toca *A arte da fuga* faz sua própria orquestração. A melodia de Wagner da qual falávamos é uma forma abstrata, do ponto de vista dos instrumentos musicais. Mas forma e matéria se exigem reciprocamente, e Wagner prefere o corne-inglês. Ainda aí, esta forma é como uma encarnação adequada de uma significação específica; e é desta significação que fala a obra de arte. É unicamente na e por esta forma que tal significação – o conteúdo, se posso dizer, não se trata mais da matéria da obra de arte – pode ser veiculada. Seu modo de ser é *sui generis*, e é por esta razão que ela é absolutamente intraduzível em outra linguagem. E que aquilo que disse agora a pouco sobre o começo do terceiro ato de *Tristão* é má literatura: uma tentativa muito desajeitada de descrever através da linguagem aquilo cuja verdade não pode existir senão na execução da própria obra. Bem entendido, já que falamos de Wagner, vocês sabem que Wagner queria fazer uma obra de arte total, um drama musical que fosse, ao mesmo tempo, poesia, música, espetáculo reunindo pintura, escultura, dança, elementos arquitetônicos... Esta conjunção pode ou não ser feita. A maioria das vezes, é ridículo quando se musica alguns poemas. Mas existem alguns milagres em que os poemas tornam-se obra nova. Os *Lieder* de Schubert, por exemplo. Às vezes, os poemas neles mesmos são fantásticos: *Margarida na roca*, *O rei dos elfos*, qualquer um do ciclo da "Viagem de inverno"; às vezes, eles são de ordem secundária, como em Heine – ainda que Heine tenha escrito também poemas muito bonitos –, *Der Doppelgänger* ou *Die Standt*: o poeta retorna a sua cidade natal, é a mesma cidade e não é mais a mesma... A poesia é quase banal, mas com a música de Schubert isto se torna inteiramente outra coisa, uma obra magnífica. Às vezes, podemos dizer a mesma coisa dos livretos que Wagner escreveu para seus dramas, mesmo se, como em *Tristão*, podemos encontrar neles passagens de grande poesia e que podemos ler enquanto tal.

Volto um pouco sobre a questão da *mimēsis*. Estaremos de acordo, penso, em dizer que não existe *mimēsis* na arquitetura, na música, na dança, na poesia, no romance, na tragédia. Tudo isto não imita nada, mas utiliza, quando muito, elementos do mundo dado "como uma matéria". Há, entretanto, o problema da tragédia e, na origem de toda discussão, a famosa definição de Aristóteles que fez a fortuna do termo *mimēsis*. Tudo isto é, do ponto de vista da história da filosofia, muito estranho e merece uma digressão que pode infelizmente nos conduzir ainda a outras digressões. Já tivemos ocasião de lembrar que Whitehead, filósofo e lógico inglês (autor, com Russell, dos *Principia mathematica*), que passou seus últimos dias nos Estados Unidos, escreveu, no início de

Process and Reality – um dos raros livros de metafísica importante do século XX – que a melhor maneira de compreender a totalidade da filosofia ocidental é fazer uma série de anotações marginais nos textos de Platão. E ele tinha razão, se bem que não inteiramente. Porque entre esta história da *mimēsis*, da poesia, e o que entendo por poiética e criação, há um estranho bailado.

Platão escreveu sobre a arte diversas vezes: no *Fedro*, no *Íon* e alhures. Para dizer, por exemplo, que o poeta é possuído por uma loucura divina, a inspiração <*Íon*, 533-534>. Podemos ver aí o equivalente de minha imaginação radical, e Castoriadis é uma pequena nota marginal ao texto de Platão... E não só Castoriadis: todos os que falam de inspiração comentam este mesmo diálogo de Platão. Mas este, no *Banquete* <205 c 1>, também diz algo impressionante: "Chamamos *poiēsis* – poesia ou criação – aquilo que faz passar algo do não-ser ao ser". De fato. Fazer passar algo do não-ser ao ser é exatamente isto uma criação. Platão fala disto como algo evidente e natural – é, aliás, o caso –, ele o enuncia aí e não discute novamente. E quando aborda o que é a seus olhos e no absoluto a criação por excelência, ou seja, a demiurgia, a criação do mundo no *Timeu* – diálogo que vocês podem ler cinquenta vezes encontrando ainda e sempre coisas novas –, pois bem, esta criação não é uma criação, é uma imitação. O demiurgo do *Timeu* olha um paradigma, um modelo que é a ideia do mundo perfeito, e depois com os materiais dos quais dispõe, notadamente o espaço e a matéria que não são redutíveis a uma perfeição, ou seja, aos olhos de Platão a uma racionalidade total, ele fabrica um mundo que é o mais perfeito possível, *kata to dunaton*.

Entretanto, Platão não fala muito de *mimēsis*, de imitação – salvo, bem entendido, na *República*. É seu aluno Aristóteles – amigo, mas também inimigo mortal – que retorna longamente a este ponto na *Poética*, primeira obra sistemática sobre a arte que deveria ter duas partes: a primeira, a que temos, é sobre a tragédia; a segunda, que não temos, é sobre a comédia (e em torno da qual Umberto Eco escreveu seu divertidíssimo *Nome da rosa*, em que um monge fanático queima o único manuscrito restante porque não era preciso que "o Filósofo" introduzisse a derrisão das coisas sérias ao falar da comédia). É nesta obra <1449 b 24-28> que Aristóteles dá sua famosa definição: "A tragédia é imitação (*mimēsis*) de uma ação (*praxeōs*) importante ou emérita (*spoudaias*) e perfeita (*teleias*)" – esta última palavra traz problemas: alguns dirão "perfeita" ou, melhor, "acabada", "completa"; há uma pequena ambiguidade porque *telos*, sobretudo em Aristóteles, quer dizer também finalidade, é daí que vem enteléquia; e *telos* é a finalidade imanente a qualquer coisa, é o momento em que ela alcança sua perfeição – "em virtude de" – (e segue aí uma das divisões da frase puramente técnica) –, "um discurso adocicado, embelezado" (*hēdusmenō*, ou seja, com a música e não como uma simples recitação). Mas o que faz esta *mimēsis*? Ela "conduz a seu termo (*perainousa*) através da piedade e do terror (*di'eleou kai phobou*) a *katharsis* destas paixões (*tēn tōn toioutōn pathēmatōn katharsin*)" – poderíamos dizer: "destes sofrimentos", *pathēmata* tendo também este sentido; quanto à palavra *katharsis*, ela continua a encher bibliotecas.

Platão fala então de uma passagem do não-ser ao ser – o que é perfeitamente contraditório com toda a sua filosofia, na qual não há tal passagem e na qual não pode haver, já que o ser verdadeiro é eterno... –, e Aristóteles, que poderia ter-se apoderado desta definição de *poiēsis* para falar da *tekhnē* em geral, a arte no sentido comum, a técnica assim como a arte (em grego, as duas palavras andam juntas, e, aliás, *tekhnē* também quer dizer saber), não o fez, ele fala de imitação, de *mimēsis*. Abre-se aí um outro sublabirinto. Nesta definição, *teleia* evidentemente não pode significar perfeito no sentido de Aristóteles, ou seja, tendo alcançado o seu *telos*, porque o *telos* contém, mesmo se a palavra é desconhecida por parte de Aristóteles sob esta acepção, a ideia de valor. Por quê? Qual é a *teleiōsis*, o fim da ação trágica, o objeto, o que imita a ação trágica? É o parricídio, o matricídio, o fratricídio, o infanticídio, todos os "cídios" que vocês puderem imaginar, mais o massacre de prisioneiros inocentes como em *As troianas* de Eurípides etc. Aliás, tudo isto se passa em geral entre os reis, as rainhas, colocando em jogo os reinos, os Estados, as *poleis*. Mas de um jeito ou de outro, *teleia* significa: até o fim. Aliás, a propósito desta *teleia*, Aristóteles dá no livro Beta da *Físi-*

ca <II, 199a 15-17> uma definição do que é a *tekhnē*, a arte no sentido mais amplo. E aí – e foi por isto que escrevi, entre outras coisas, que Aristóteles estava a cavalo no mundo grego antigo – ele escreve que a *tekhnē* ou "efetua o que é impossível à natureza realizar (*epitelei ha hē physis adunatei apergasasthai*) ou a imita (*ta de mimeitai*)". Estamos, portanto, em um outro labirinto (vocês podem consultar a este propósito meu texto "Técnica", do qual já lhes falei[18]), porque, se há coisas que a natureza não pode realizar, não estamos mais na filosofia de Aristóteles. Nele, tudo o que pode ser realizado é a natureza, é a *physis*. Neste ponto Aristóteles oscila entre *physis* e *nomos*, e aqui *nomos* toma o aspecto da *tekhnē* – é, se vocês preferirem, a criação humana. Mas, bem entendido, um aristotélico radical, um tomista rigoroso, por exemplo, diria: "Não senhor, você se engana em relação à tradução da frase de Aristóteles. *Epitelei* não significa 'efetua', mesmo que este sentido exista em grego, mas simplesmente 'acabado'. Quanto às coisas que a natureza *adunatei apergasasthai*, 'não tem a possibilidade de se realizar', na minha tradução trata-se simplesmente de os 'elaborar até o fim'". Creio, entretanto, que o tomista em questão estaria errado. Não que minha interpretação seja a única possível: no texto, as duas significações estão inclusas. É verdade que a interpretação do aristotélico radical estaria mais de acordo com todo um aspecto, com o núcleo da ontologia de Aristóteles. Mas também é verdade que ela não daria conta dos problemas que Aristóteles encontrou no meio do caminho, e notadamente aquele da criação humana em geral, do mundo humano, do *nōmos*, da *polis*; já que ele afirma, por exemplo, falando da *polis*, ou seja, da coletividade política, que existe uma que por natureza seja sempre a melhor, mas que nunca a encontramos na realidade – o que não tem nada haver com o conceito de *physis* aristotélico. Porque Aristóteles nunca teria dito que existe um animal chamado cavalo que tem quatro pernas sobre as quais podemos

[18] <"Technique" ["Técnica"], in *Les carrefours du labyirinthe [As encruzilhadas do labirinto]*, Paris, Seuil, 1978; re-edição "Points Essais", 1998, p. 289-324 [cf. edição brasileira, op. cit., p. 235-263].>

montar, que corre muito rápido e que é isto a natureza do cavalo, mas infelizmente não há nenhum cavalo na realidade empírica. Não, o cavalo tal qual é definido por sua natureza é o cavalo da natureza, aquele que encontramos na realidade. Evidentemente, podemos encontrar nela cavalos monstruosos que nascem com três ou cinco pernas, mas não é o interessante. Aristóteles conhece os monstros e os exclui, é *para physin*, contra natureza, e destinado a desaparecer. E se passa o mesmo com um ser humano monstruoso. Então: será que a *polis*, que é uma criação humana, imita a natureza? Certamente que não. Será que a *polis* simplesmente acaba o que a natureza não poderia elaborar até o fim? Intrinsecamente isto não faz sentido. O que se passa para que haja esta infinita variedade de *poleis*? Na *tekhnē politikē*, que é, diz ele, a mais arquitetônica de todas, encontramos uma *tekhnē* que precisamente realiza, efetua algo que está para além da natureza, que a natureza está impossibilitada de realizar. Entretanto, não se trata aqui de natureza, mas de *praxis* humana. As *praxeis* humanas pertencem à natureza? A questão em geral pode permanecer aberta. Mas será que faz parte da natureza humana dormir com a mãe, matar o pai, matar seus irmãos etc.? Vinte e três séculos depois diríamos: sim, faz parte da natureza humana. Mas para Aristóteles, certamente, não é o caso; tal é, todavia, a "ação importante e perfeita" que realiza o ser humano na tragédia e que a tragédia imita.

Já temos algo que não é "natural" no objeto. Mas a própria tragédia é uma imitação? Sim, ainda uma vez, ela é se consideramos *hōsper hylē*, como um material, os atos humanos que ela contém. Mas existe a forma trágica. E, sobretudo, por exemplo, toda esta história de Édipo – mesmo supondo que efetivamente houve um personagem que foi exposto, que re-encontrou seu pai, matou-o sem saber quem ele era, permaneceu em casa sem o sabê-lo, encontrou uma esfinge... –, é certo que ela nunca se desenvolveu tal como é representada: comprimida em uma hora e meia, com um coro supostamente da cidade ainda que reduzido necessariamente a uma dúzia de indivíduos, com atores mascarados etc. Resta que, na definição de Aristóteles, temos uma correspondência ao mesmo tempo termo a termo e cruzada: entre a *mimēsis* e a *katharsis*; entre uma ação (*praxis*) importante, completa, e o "destas paixões" (*tōn toioutōn pathēmatōn*); entre o discurso embelezado (*logos hēdysmenos*) e, por outro lado, os meios que são a piedade e o terror (*eleos kai phobos*); enfim, entre a existência de uma *praxis* completa e o acabamento da *katharsis* pela tragédia. Um parêntese sobre a querela interpretativa do "destas paixões". Aristóteles escreveu: *tōn toioutōn pathēmatōn*, poderíamos pensar que se trata do que acontece aos heróis trágicos, do que eles sofrem – *pathēmata* também tem este sentido. Aliás, esta pequena palavra, *toioutōn*, *esta espécie* de paixão, tem um sentido muito mais fácil se atribuída aos atos dos heróis trágicos. Mas, com efeito, esta interpretação não serve por razões de coerência geral. As paixões por meio da qual a *katharsis* se realiza são aquelas dos espectadores, porque, em cena, não poderíamos falar de *katharsis* senão para um ou dois heróis...

Chego, depois desta série de digressões encaixadas, a meu ponto principal: o fim da tragédia, sua significação, é a *katharsis*, não é a *mimēsis*. Mesmo em Aristóteles – e é por isto que os contemporâneos que retornam à teoria da *mimēsis* se enganam e se perdem por razões ideológicas, na verdade, teológicas –, a finalidade da tragédia é a *katharsis*, ou seja, esta depuração ou purificação. Porque este termo é efetivamente médico, a esse respeito não existe estritamente nenhuma dúvida, e, se pegarem o Índex aristotélico de Bonitz, vocês encontrarão duas colunas sobre a utilização do termo em um contexto médico e somente dez linhas sobre sua utilização na *Poética*. A *katharsis* é o expurgo, a eliminação dos maus humores. Mas não é por acaso que Aristóteles utiliza este termo, e veremos de que eliminação se trata. Em todo caso, ela se opera mediante a piedade e o terror, que são evidentemente afetos. Mas é muito estranho: o que são estes humores? São todas essas paixões, poderíamos mesmo dizer essas compaixões do espectador durante o desenrolar da ação – há uma distância que permite o efeito da tragédia, mas não distanciamento, paz às almas dos mortos de Brecht –, que, em um crescendo de terror e de piedade, chegarão a uma purificação. Onde está a imitação nisto? Suponhamos que vocês vejam, na realidade, um filho que mata sua mãe ao passo que sua irmã está no quarto ao lado e lhe grita: "Bata nela, se puder, muitas vezes!". Vocês talvez experimentem a piedade, o terror, a cólera, mas não se produzirá nenhuma *katharsis*. Ou suponhamos que vocês assistam ao espetáculo de um velho que vagueia em uma tempestade, em um temporal e no frio porque as duas filhas entre as quais ele dividiu seu reino o puseram para fora de casa e o tratam como um mendigo. Talvez vocês tenham, então, compaixão por ele, talvez vocês fiquem furiosos contra Regane e Goneril, mas não conhecerão a *katharsis*. Ora, a finalidade da tragédia é, precisamente, a *katharsis*. E a *mimēsis*, na medida em que há *mimēsis*, é um simples meio.

Retomarei este ponto na sequência, mas gostaria, para concluir sobre a *mimēsis*, de evocar o problema daquilo que chamamos as artes figurativas, como a pintura ou a escultura. Creio que aqui estamos de alguma forma obnubilados por aquilo que na história da arte é somente um pequeno intervalo que vai talvez do século V a.C. até o século III d.C. e, aliás, do século XIV, pelo menos a partir de Giotto, até 1880. Há, aí, uma espécie de realismo que aparece como imperativo para as artes figurativas. Com efeito, é difícil negar – mas admitamos que isto dependa dos gostos – que o Apolon de Belvedere, o Hermes de Praxítele, a Vênus de Milo são belos espécimes de humanos na perfeição de sua forma. Ou mesmo que o *Laocoonte*, na época helenística, é uma perfeita representação escultural da dor e do terror da morte... Mas isto é apenas um período da arte. Não existe realismo deste tipo nem *mimēsis* em Lascaux ou em Altamira; também não existe nas estátuas cicládicas, nem nas estátuas maias, nem nas máscaras africanas, e muito menos a partir dos impressionistas. A famosa *Noiva despida...* não imita absolutamente nada. Kandinsky, Klee, Brancusi, Giacometti etc.: onde está a imitação? Vemos aí muito claramente que a forma humana é como uma matéria em segundo grau, que ela é utilizada como um tipo de material em vista de outra coisa. Isto dito, é verdade que na forma humana há algo a mais, e que os grandes retratos, neste período "realista", dão uma impressão particular da verdade. Não sei o que aconteceria se a pintura da Antiguidade tivesse sido conservada, só nos resta alguns exemplares que não são de primeira ordem – o que, com certeza, não é o caso da escultura. Mas, enfim, tomemos os grandes retratos da pintura ocidental:

existem centenas que são absolutamente fantásticos, mesmo às vezes de pintores secundários. Podemos citar quem vocês quiserem: *O homem de luva* de Ticiano no Louvre; todos os *Auto-retratos* de Durer; o *Auto-retrato* de Rembrandt, *O homem de turbante* de Van Eyck, o rosto de Eva em "Eva expulsa do Paraíso" de Masaccio... Com efeito, temos aí a impressão de ter acesso à verdade do ser humano. Mas que verdade?

Permitam-me ler para vocês, a este propósito, um fragmento da juventude de Hegel que se chamam convencionalmente a "*Realphilosophie* de Iena", que já tive ocasião de citar,[19] traduzido por Jacques Taminiaux sob o título *Nascimento da filosofia hegeliana do Estado*. É um texto notável que vale ser lido por si próprio, independentemente da nossa discussão. Hegel fala do ser humano, do Si e da imagem que o espírito conserva em seu *tesouro*, na sua *noite* que é sem consciência (*bewusstlos*) – isto poderia ser a representação freudiana. E aí há esta passagem extraordinária: "O homem é esta noite, este nada vazio, que contém tudo em sua simplicidade – uma riqueza de representações infinitamente múltiplas, de imagens, das quais nenhuma lhe cabe neste momento –, ou que não são enquanto apresentadas". Apresentadas aqui quer dizer: presentes à consciência. "Isto é a noite, a interioridade da natureza que aqui existe: o *Si puro*. Em representações fantasmagóricas é noite em volta; aqui surge então uma cabeça ensanguentada, lá um outro rosto branco; e desaparecem também bruscamente. É esta noite que percebemos quando olhamos um homem nos olhos: uma noite que se torna *apavorante*: é a noite do mundo que então nos encara." E à margem do texto de Hegel lemos: "*Auto-posição*; *consciência interna*, *fazer*, cindir (*Entzwyen*)"; e: "*O poder de tirar desta noite de imagens ou de aí fazê-las soçobrar*".[20] Ora, no retrato – queria ter trazido aqui reproduções de Van

[19] <Em *L'institution imaginaire de la société [A instituição imaginária da sociedade]*, Paris, Seuil, 1975, p. 178; re-edição "Points Essais", p. 191, em que Castoriadis cita a tradução de Kostas Papaioannou, Hegel, Paris, Seghers, 1962, p. 180. [Cf. *A instituição imaginária da sociedade*, trad. Guy Reynaud, Rio de Janeiro, Paz e Terra, 1982; a tradução do trecho citado a seguir foi levemente modificada].>

[20] <Jacques Taminiaux, *Naissance de la philosophie hégélienne de l'État. Commentaire et traduction de la Realphilosophie de Iéna (1805-1806) [Nascimento da filosofia hegeliana do Estado. Comentário e tradução da Realphilosophie de Iéna (1805-1806)]*, Paris, Payot, 1984, p. 194-195.>

Eyck ou de Vermeer, esta mulher, mas as reproduções estão por todo lado, com um turbante azul e seu olhar de moça no qual há tudo e não há *nada* –, o que temos, o que importa, não é a imitação. O que o retrato nos permite ver, sobretudo no olhar que um grande retrato pode nos dar, é efetivamente esta "noite" de que fala Hegel, este abismo, esta possibilidade indefinida de representações. É isto que vemos através de um olhar. E o termo imitar toma então toda a sua importância: o que isto quer dizer, imitar o abismo... Não se trata de imitação, é uma apresentação do abismo que não esconde nada.

Gostaria, antes de passar a palavra, de dizer algo sobre aquilo que se passa do lado do sujeito. Para Aristóteles, vimos, o que a tragédia provoca no espectador é a *katharsis*, a purificação, a depuração de suas paixões mediante a piedade e o terror. Agora, ele não diria certamente nada parecido com isto tratando-se do Parthenon... Daremos, então, um salto de vinte e cinco séculos. Kant disse algo totalmente diferente – seria preciso refletir sobre esta diferença... – e fala de prazer: a beleza, do lado subjetivo, é o prazer ou a "satisfação desinteressada", *uninteressiertes Wohlgefallen*.[21] Diante de uma obra de arte experimentamos um prazer que não tem nenhuma relação com o fato de termos comido bem, de ter ganho dinheiro, de ter dormido com alguém. Não. O prazer estético não está ligado ao desejo. Isto pode parecer um pouco pálido depois de Aristóteles, mas aqui é a ideia de desinteresse que é muito importante. Em alemão também há um adjetivo que qualifica um substantivo: a satisfação é qualificada de "sem interesse". Mas o verdadeiro peso das palavras deve ser invertido: através assim mesmo de certo prazer, de certa satisfação, chega-se a um *desinteresse*, sobre o qual gostaria de concluir.

Ou antes, de onde vem este prazer, apesar de que efetivamente ele esteja sempre aí? Diria, da minha parte, que ele vem de certa maneira de experimentar o sentido. E este sentido, esta significação, nos grandes momentos da arte – e não faço jogo de palavras, não faço parisianismo,

[21] < Kant, *Critique de la faculte de juger [Crítica da faculdade do juízo]* (1790), trad. fr. de A. Philonenko, Paris, Vrin, 1969, p. 50-51, 54-55.>

nem, aliás, hegelianismo –, é o sentido do não-sentido e o não-sentido do sentido. Releiam a *Ilíada*, releiam qualquer tragédia grega, releiam Shakespeare, releiam *Esplendores e misérias das cortesãs* ou as *Ilusões perdidas* de Balzac, *A educação sentimental* ou a *Recherche*, Kafka ou o *Ulisses* de Joyce, escutem novamente *Tristão* ou o *Réquiem* de Mozart, ou qualquer coisa de Bach: é o sentido do não-sentido e o não-sentido do sentido que aí experimentamos. Os quais condensam a arte como janela sobre o abismo, sobre o caos, e o dar forma a este abismo – está aí o momento do sentido, ou seja, a criação pela arte de um cosmos. Também a grande arte não é fenomenal, ela é transparente: neste caso, jamais alguma coisa se esconde atrás de outra. A riqueza infinita de uma grande arte não consiste em que uma coisa esteja adiante e esconda outras; ela está, ao contrário, em que coisas que podem estar adiante conduzem sempre a outras coisas. É nisto que não há fenomenalidade, que existe uma transparência absoluta – é claro que em um outro sentido do termo – na grande arte. Há uma abolição da diferença por meio da própria diferença.

Quanto ao desinteresse do prazer, lembro-lhes o que foi dito em outra ocasião a propósito da definição da lei por parte de Aristóteles: segundo ele, pode existir "um pensamento sem desejo" <*Político*, III, 16, 1287a 30-32>. Da mesma forma, no caso de uma grande obra de arte – e é o que corresponde à *katharsis* da tragédia –, podemos falar de um afeto, indescritível e específico. Ainda uma vez, miseravelmente, podemos tentar colocar em palavras, dizer o que é um misto de alegria e de tristeza, de prazer e de luto, de espanto sem fim e de aquiescência... Proust fala em algum lugar, a propósito da sonata de Vinteuil, da "pertinência das questões e da evidência das respostas". E, é verdade, há sempre isto na arte. Mas o que finalmente sobrevive como fim – e em todos os sentidos do termo: ao mesmo tempo finalidade, acabamento e término – para o sujeito, para o espectador, o auditor, o leitor da obra de arte, é o *afeto do fim do desejo*. E penso que é este o sentido da *katharsis*: quando saímos de uma representação do *Édipo rei* ou de *Macbeth*, ou do *Rei Lear*, quando saímos de uma audição do *Réquiem* ou da *Paixão se-*

gundo São Mateus, por alguns instantes pelo menos não desejamos nada e vivemos o afeto que acompanha o fim deste desejo. E a relação com a morte está em que gostaríamos que isto não acabasse nunca; ou que tudo termine com isto, com este momento. E não é somente verdadeiro para as obras que citei. É o que se experimenta quando pela primeira vez, em Olímpia, se entra na sala do museu onde está presente o Hermes de Praxíteles, ou no Louvre quando, malgrado a fila, se pode admirar a Vitória de Samotrácia, ou um retrato de Clouet, o Ticiano de que lhes falei agora pouco, ou no Prado *As meninas*, a *Vista de Delf* em La Haye, *Os regentes do asilo de velhos* de Hals em Haarlem, *A ronda noturna* em Amsterdã – tudo se detém. Estamos aí, diante da obra, não desejamos nada. É um estado extraordinário...

Certamente, durante a tragédia – voltemos a Aristóteles –, há constantemente a piedade e o terror. E, curiosamente, é Anouilh, um autor para mim inteiramente secundário que disse o que há para se dizer a este respeito – talvez, de resto, ele tenha neste ponto antecedentes – em sua *Antígona*: no início, o coro explica a diferença entre a tragédia e o drama, e o explica de maneira definitiva. No drama, diz ele, isto poderia se passar de outro modo, as coisas poderiam ter se passado diferentemente – se os policiais tivessem chegado mais cedo, se o medicamento não tivesse faltado, se tivéssemos descoberto esta carta... Há um suspense. Na tragédia, não há nenhum suspense para o espectador, ele a assiste sabendo de antemão o que vai acontecer. O ateniense que vai assistir a *Édipo rei*, ou mesmo nós quando vamos assistir a *Macbeth*, sabemos o que vai acontecer. Se há suspense, é na própria peça, mas é uma outra coisa: sabemos o que o herói trágico não sabe. Mas, precisamente, uma das dimensões de *Édipo*, como, aliás, de *Macbeth* – e é por isto que Shakespeare é o maior autor do Ocidente –, é que o personagem é ator de seu próprio destino – do qual ele não é o autor, já que é um destino; mas ele é simultaneamente o *descobridor* através de seus atos, de sua verdade e de seu destino. É o que se passa com Édipo ou com Macbeth: é fazendo o que lhe foi prescrito que deve fazer, que ele fará, que lhe acorrerá, que descobrirá as ambiguidades destas predições. Para o espectador, a piedade e o terror sobrevivem assim mesmo pelo fato de que sua participação é absolutamente inelutável, e que há finalmente esta *katharsis* – uma vez atravessadas piedade e terror – que é o afeto do fim de um desejo. Poderíamos resumir tudo isto com algumas palavras: há o encantamento; há o luto; há o que em alemão se chama *Wunder* e em grego antigo *thaumazein*, diante da coisa espantosa, miraculosa, que suscita mais do que admiração espantada, que nos tira do estado em que estávamos, e que contém também uma dimensão cognitiva, não só afetiva: se quer saber (Aristóteles disse que o *thaumazein* está na base da filosofia); e no fim há – palavra que o próprio Freud utiliza em um outro contexto – a *Versöhnung*, um tipo de reconciliação – reconciliação com o fim do desejo.

Gostaria de citar, para acabar, dois poetas. Primeiro, August von Platen, um autor alemão do início do século XIX que escreveu em seu *Tristão*: *Wer die Schönheit angeschaut mit Augen*, aquele que olhou a beleza com seus próprios olhos/ *Ist dem Tode schon anheimgegeben*, já se deu a morte. Não há nestes versos nem "romantismo" nem choradeira, mas precisamente este afeto: o afeto do fim do desejo. Creio que é disto também que fala Rilke em seus famosos versos da primeira Elegia de Duíno: *Denn das Schöne ist nichts/ Als des Schrecklichen Anfang*, porque o belo não é nada senão o começo do terrível. O terrível é este fim; e esta abertura em direção a outra coisa – em minha linguagem, a janela sobre o caos – que é ao mesmo tempo o fim do desejo. E paro por aqui para lhes deixar um pouco de tempo para a discussão.

Questões

– O que você pensa desta ideia de Heidegger presente em "A origem da obra de arte": a obra é abertura, "vir a ser da verdade"? Para ele a obra é "o ser enquanto outro". Será que o caos também não é, em certo sentido, o "outro" da forma?

Esse texto de Heidegger é... Não direi um dos que não são tão ruins: é sem dúvida um de seus melhores. É preciso dizê-lo. É efetivamente um texto que, de certa forma, não está muito distante do que digo. Mas o que não está no texto de Heidegger é precisamente a ideia de caos, o "outro" permanece aí indeterminado. Se lhe compreendi bem, você diz: será que podemos chamar o caos de "o outro"? Sim e não. Aqui, é preciso distinguir. Digo que o caos é ao mesmo tempo a origem e o poder de surgimento, o que chamei de *vis formandi*; e é, ao mesmo tempo, bem entendido, o insondável como tal. Ora, não posso falar de "outro" no caos porque o outro não existe senão como forma, e que a forma é o que resulta da *vis formandi*; e o conjunto de formas é o cosmos. O caos, se você preferir, é o outro do cosmos – ou o cosmos é o outro do caos –, mas isto em um nível total ou global. O cosmos é o outro do caos e não é o outro do caos, já que o caos é precisamente uma *vis formandi*, é a potência de dar forma, de fazer surgir formas, e que estas formas todas juntas, a todo instante, formam uma superforma, que é o cosmos. Mas voltaremos a isto depois.

– Sobre as dificuldades que a expressão "criação *ex nihilo*" levantam.

Há nessa expressão uma dimensão, digamos, terminológica, mas também uma dimensão substancial. Você diz: "*Ex nihilo* significa...". E o que você gostaria de dizer é: já faz muitos séculos, e certamente desde Parmênides e Aristóteles, esta expressão ou seu equivalente grego significa que nada pode sair do nada. Dizer que alguma coisa sai "do nada" choca o senso comum. É verdade que Hesíodo disse que no início havia o caos no sentido de *kainō*, ou seja, o vazio, o escancarado; mas tudo isto é mitologia – mesmo se esta mitologia é, digamos, matriz da filosofia. Mas pouco importa... Há aí uma dimensão terminológica, porque se *ex* quer dizer "a partir de", nenhuma palavra tem significação absoluta, o sentido deve ser especificado todas as vezes; e não só verticalmente, mas também horizontalmente, oponho então *ex* à *cum* e à *in*. O que é *ex nihilo* em minha concepção de criação? Bem entendido, você pode dizer imediatamente: "é absurdo". Mas é preciso retornar a uma concepção venerável, para a qual nada é *ex nihilo*, tudo é a partir de alguma coisa, e, portanto, toda nova forma é a partir de uma outra forma. "A partir de" em que sentido? Aí há uma bifurcação. Ou conduzimos o raciocínio até sua conclusão rigorosa, e chegamos seja a Hegel – e ainda com as dificuldades de que falamos –, seja a um reducionismo universal, e nosso seminário de certa forma já estava lá no momento inicial do *big-bang* – há 15 milhões de anos. Depois houve desdobramento, evolução, o desenrolar-se etc., *Entwicklung*, é dito em alemão. Esta concepção, bem entendido, priva de significação o termo "novo", o que não teria problema, mas, além disso, ela é inaceitável por razões que são razões de substância, das quais já falamos. Ou então, concedemos que o novo exista; e dizemos que este novo sai "a partir de" outra coisa. Mas ou este outro é verdadeiramente outro, ou ele é simplesmente diferente. Se ele é verdadeiramente outro, é verdadeiramente outro em relação a quê? É verdadeiramente outro *quanto à forma*. Tomemos um exemplo aristotélico: você tem um grande pedaço de bronze ou de mármore. O escultor deste bronze ou deste mármore, *poiei*, cria uma estátua. O que nos importa nesta estátua? É evidentemente a forma. Aristóteles diz, e ele tem mil vezes razão: forma inseparável de sua matéria. Mas esta estátua pode ser uma forma nova... Podemos comparar, por exemplo, Giacometti, do qual há uma exposição em cartaz, e Rodin. Poder-se-ia objetar: Giacometti não tem nenhum interesse, não é um grande escultor, é uma curiosidade. Da minha parte, penso que é um grande escultor, mas não é este o ponto. Suponhamos que ele seja. O que quer dizer, neste caso, que suas esculturas são criadas "a partir de" qualquer outra coisa? Elas são criadas, com certeza, *cum* um grande número de coisas: não só o metal, mas toda a tradição cultural e certa oposição a esta tradição, e mil ideias na cabeça de Giacometti etc.; elas são criadas *in* alguma coisa, podemos dizer verdadeiramente *in mundo*, em um universo, um mundo que não é só o mundo físico, mas um mundo cultural, a Paris dos anos 1930-1950, o que o artista conhece das artes primitivas, sem, todavia, imitá-los etc. Mas será que podemos dizer que esta forma, a estátua de Giacometti, é simplesmente uma modificação do que já estava lá? Em filosofia também, veremos mais tarde, certa filosofia, enquanto forma, basta a si mesma, em certo sentido; é também o caso, dissemos, da obra de arte. Ou, enquanto forma, do organismo vivente, onde, bem entendido, a forma não se basta inteiramente a si mesma porque o organismo tem constantemente necessidade de estar em troca com o meio e, se ele é sexuado, de estar em relação com um outro organismo vivente para que a espécie continue. Mas esta forma é modificação do que estava lá unicamente se a consideramos enquanto o que ela não é, ou seja, enquanto matéria, e que vejamos aí simplesmente moléculas: carbono, oxigênio, azoto etc. Então, esta forma como tal, surge, é posta, é criada, e não posso encontrar-lhe antecedentes. Sua relação com o que a precede é uma relação de alteridade, estas formas são outras, elas não são simplesmente diferentes – a diferença é o que me permite, precisamente, produzir uma forma a partir de uma outra. Considerada como tal, esta forma surge *ex nihilo*. Compreendo o que lhes pode incomodar nesta expressão que, vocês podem duvidar, foi escolhida de maneira a ser provocante. Mas se vocês recusam este *ex nihilo*, vamos ao limite, que é o limite teológico. Será que um deus cria o mundo *ex nihilo*? Isto depende de qual deus, qual mundo, qual teologia, qual filosofia... No *Timeu* de Platão já há a matéria e as formas; o demiurgo é um artesão que tem modelos e materiais. No Antigo Testamento a matéria do mundo está evidentemente lá, já que o espírito de Deus plana sobre as águas, Deus dá forma. Tomemos visões mais radicais, como aquelas de certos teólogos cristãos, uma vez que o neoplatonismo, é verdade, passou por aí. Deus cria a matéria e cria o tempo. Mas os cria radicalmente? Tudo isto já existe – como o dirá muito bem Espinosa, é o melhor teólogo (aliás, ateu) deste ponto de vista – eternamente como ideia no entendimento infinito de Deus. E está aí a ponte aos tolos da teologia. Sem dúvida, o mundo temporal e material existe no tempo e, enquanto material, será destruído; mas, este mundo, enquanto ideia, é eterno no espírito de Deus. A ideia de criar um mundo não ocorre certa manhã a um Deus que se entedia. O mundo é eterno, enquanto mundo não eterno, não perecível, no espírito de Deus. Então, a criação do Deus dos teólogos não é *ex nihilo*. É neste sentido que sempre disse que os espiritualistas são os piores materialistas: o que para eles é criação, no mundo é este ato risível, derrisório. E aí eles se encontram com os físicos que dizem: sua ideia de criação é absurda, Castoriadis, tente criar a partir do nada um elétron. Nunca disse que a criação concernia os elétrons. Aliás – parêntese –, os elétrons são criados a partir do nada: segundo o que dizem agora os mesmos físicos ou seus irmãos, o universo inteiro saiu de uma flutuação do vazio quântico. Neste ponto é muito difícil não pensar em Hesíodo... Em que medida podemos então falar de criação, é uma outra história. Voltemos ao Ser supremo: este mundo perecível existe durante toda a eternidade no espírito de Deus; mesmo quando Deus o destruir, ele não o esquecerá, este mundo continuará a existir unicamente de maneira verdadeira, no espírito de Deus. Não se encontra criação *ex nihilo* na teologia, e se suprimimos este "*ex nihilo*", chegamos à ideia de um ser eterno, que é espírito e que nele, ao lado dele, tudo existe sob a forma ideal. Mesmo enquanto um dos universos possíveis. Leibniz disse: Deus escolhe fazer este mundo aqui – consagrando-se a um tipo de imenso cálculo de otimização –, é o "melhor de todos os mundos possíveis" (releiam *Cândido* se não quiserem reler Leibniz). Trata-se aqui de matemática: este círculo que traço tem uma propriedade muito interessante, é a maior superfície que possa ser contida em um perímetro dado, temos aí ao mesmo tempo um *maximum* e um *minimum*. Nesta consideração elementar há o germe do que se tornará um ramo enorme das matemáticas, o cálculo funcional. Realiza-se uma função que obedece a dois constrangimentos, encontraremos isto em física, sobretudo, e em economia aplicada (mas a economia aplicada não passa de uma brincadeira). É isto que o Deus de Leibniz realiza para o mundo: o que deve ser minimizado é o mal, o que deve ser maximizado é o bem. Trata-se de um cálculo, mas este cálculo não se desenrola no tempo, ele é instantâneo. Ora este cálculo instantâneo se desenrola em um espaço matemático, onde Deus, a todo o momento – que na verdade não é um, já que ele é intemporal, é o momento da criação do mundo –, contempla *simultaneamente* a infinidade não enumerável das curvas e vê imediatamente – já que é Deus – que é este círculo que vemos ser a figura ótima. Será que a partir deste exato momento todas as outras curvas deixaram de existir? Certamente que não. A uma dessas curvas ele deu esta espécie de existência vulgar, "judeu-fenomenal", como diz Marx, empírica, palpável, onde há seres humanos etc. Todo o resto existe, como para um matemático todas as suas curvas existem simultaneamente como possibilidades em um espaço com duas dimensões, ou como existem espaços com *n* dimensões, ainda que não se dê o trabalho de enumerá-los etc.

A partir do momento em que se recusa o *ex nihilo* como criação no ser e do ser, entra-se no que Platão chamava um "abismo de falatório", caímos em aporias absolutamente insolúveis. E as quais conduzem a ideias inaceitáveis: que tudo isto ultrapasse nosso entendimento, ultrapasse a luz natural, como se afirma desde Agostinho e mesmo antes, logo, não é para nós. O modo de coexistência do tempo e da eternidade não é concebível; mas se há eternidade, todas as formas estão aí. E há uma, marcada por Deus ou não sei quem como a boa, que se deve materializar, mas esta materialização não passa, de todo modo, de um parêntese infinitesimal entre a criação e a *parousia*... Não se pode escapar disto: se não aceitamos a ideia de que as formas surgem no ser, que o ser e o tempo – a verdadeira temporalidade – são criações, cedo ou tarde, se formos consequente, somos obrigado a chegar a este gênero de, digamos, "impensável" no mau sentido do termo. É certo que, no que digo, é preciso aceitar como ponto de partida certo número de coisas: que há o novo; que o ser é caos no sentido que tentamos precisar; que tudo não é redutível... São coisas que podemos elucidar, sobre as quais vamos raciocinar; coisas que não podemos nem demonstrar nem fundar. Mas creio também que elas não criam o gênero de absurdo que cria necessariamente todo idealismo ou todo materialismo, já que, no fundo, toda forma de teologia é parecida.

– Você disse que o prazer desinteressado vem de certa maneira de experimentar o sentido do não-sentido e não-sentido do sentido. Não compreendi bem o que você quis dizer com isso; e a impressão que tenho é que há uma contradição com aquilo que foi dito, a saber, que não existe sentido senão aquele que criamos.

Não. Falava da arte e da arte enquanto janela sobre o caos. Ora, o caos está além ou aquém de toda significação. O ser não tem significação senão para os teólogos ou para os filósofos teólogos: é Deus, é o mundo criado por Deus para nós... Mas o sentido do não-sentido e não-sentido do sentido, o que isto quer dizer? Primeiro, o não-sentido do sentido. O que é o sentido que cria os seres humanos? É este velho rei Lear que tenta encontrar uma maneira sensata de transmitir e compartilhar seu reino entre suas três filhas que ele ama. Ele as chama e as duas primeiras lhe exprimem o que por excelência dá sentido a vida humana, ou seja, o amor de uns pelos outros e notadamente o amor dos pais pelas crianças e das crianças pelos pais. Então, Regane e Goneril têm discursos sensatos por excelência: são filhas que amam, adoram seu pai, dizem que fariam tudo por ele, em longos discursos muito bem construídos. E a resposta do rei Lear é sensata: cada uma terá um terço do reino. E depois vem Cordélia revoltada com todos esses discursos sensatos, duplamente sensatos: aparentemente sensatos no sentido filial e realmente sensatos no sentido comercial – estamos em 1600 –, no sentido do interesse. E de uma maneira que é muito mais sensata, ela diz mais ou menos isto: o Senhor é meu pai, eu o amo como vossa filha e não tenho mais nada a dizer. Então Lear, numa reação humana igualmente sensata, ofusca-se violentamente: Como, isto é tudo o que você tem a me dizer, não encontras nada diferente? Mas, enfim, um amor é algo que se exprime. É o que dizemos o tempo todo: sua maneira de me falar prova que você não me ama, se você esqueceu meu aniversário é porque você não me ama... Esperamos dos outros provas de amor que sejam outra coisa que: eu te amo etc. Mesmo santa Teresa dizia: "Não existe palavras de amor, não há senão atos de amor". E

Lear não encontra nenhuma manifestação deste amor no brevíssimo discurso de Cordélia. Ele se irrita, reação sensata, com ela – a mais jovem, a preferida, tema clássico –, e divide o terceiro terço de seu reino entre suas duas outras filhas.

As coisas começam a se desenrolar de maneira inteiramente sensata e inteiramente atroz, inteiramente insensata. Todo o mundo será destruído neste caso. Lear, em uma reação completamente sensata, espera que sua filha Cordélia, assim deserdada, não poderá casar-se com ninguém. Mas o rei da França ("França", em Shakespeare, para quem o país é aquele que reina e aquele que reina é o país: França, Bourgogne, Cornouailles, e será preciso lembrar-se quando falarmos da política), que já amava Cordélia, em uma reação sensata, mas em um outro nível, é ainda mais tocado por seu desinteresse e, malgrado sua ausência de dote, quer esposá-la. Precisamente a partir deste momento, advém a catástrofe e a tragédia se desenrola como deveria se desenrolar. Suponho que vocês conheçam a peça; se não for o caso, não tardem a lê-la, é um dos maiores monumentos da literatura universal. Regane e Goneril caçam seu pai. Depois se despedaçam porque uma ama o amante da outra – o que é inteiramente sensato, aliás, é isto as paixões humanas, que, ao mesmo tempo, conduzem a atos atrozes e insensatos. Cordélia, para tirar seu pai das garras de suas irmãs, persuade seu marido a preparar uma expedição armada. Eles desembarcam na Inglaterra, lutam contra os exércitos do marido de Goneril e do bastardo de Gloucester e são vencidos. Cordélia é morta, Lear é morto, Regane e Goneril... E todos os sentidos particulares dos quais eram feitos essas ações humanas alcançam esta totalidade não-sensata, cujo acabamento é a piedade e o terror através dos quais esta série de atos importantes e perfeitos é realizada, e a *katharsis* das paixões nasce na alma dos espectadores. Tal é o não-sentido do sentido. E o sentido do não-sentido, é que, finalmente há um sentido na nossa existência, é isto. Não deixem de assistir *Lear*, *Macbeth*, *Édipo*: isto é o sentido.

– Mas você assimila sentido e racionalidade...

Não, assimilo o sentido ao que experimentamos como sentido. Chamo sentido, como chamei significação para nós, o que combina três vetores: o que podemos nos representar, o que é para nós objeto de um desejo e o que é o objeto de um investimento, de um afeto positivo. Tomemo-lo sob uma forma completamente tola – aliás, não é de forma alguma tola, não é por acaso se é assim –, pensem no fim das histórias que contamos às crianças: eles se casam, tiveram muitos filhos e viveram por muito tempo. É algo que ao mesmo tempo podemos representar, que nos parece desejável (em todo caso o aparece às crianças e ao comum dos mortais), e que gostaríamos de alcançar. Isto faz sentido. Isto não é racional, demonstrável. Isto faz sentido para nós.

POSFÁCIO

Como a advertência liminar já assinalava, se tivemos a iniciativa de publicar esta coletânea foi porque nos pareceu que, mesmo fora do quadro em que foram concebidos, os textos que a compõem não perderam nada de sua pertinência, ainda que já faz alguns anos foi posto abertamente na França a questão do sentido – e do futuro – da criação artística cultural.[22] Que o primeiro dentre eles, "Transformação social e criação cultural", não tenha, em 1979, encontrado seu público[23] não era no fundo para surpreender. A época ainda não levantou nenhuma dúvida[24] em relação ao valor da produção artística contemporânea, da qual o novíssimo Centre Georges-Pompidou celebrava na França a gloria. Os tempos mudaram e muitos daqueles que ontem acolhiam com ceticismo a ideia de um abatimento da criatividade cultural ocidental de-

[22] No que diz respeito ao debate às vezes violento sobre a "crise" da arte contemporânea que se desenrolou na França entre 1991 e 1997, o leitor encontrará todas as referências necessárias, assim como um histórico muito útil, na obra de Yves Michaud, *La crise de l'art contemporain [A crise da arte contemporânea]*, Paris, Puf, 1997, p. 7-30, re-edição "Quadrige", 2005. Ver sobretudo Jean-Philippe Domecq *(Artistes sans art? [Artistas sem arte?]*, Paris, Ed. Esprit, 1994, re-edição "10/18", 2005), Philippe Dagen (La haine de l'art [O ódio da arte] e Jean Clair *(La responsabilité de l'artiste [A responsabilidade do artista]*, Paris, Gallimard, 1997); mas Michaud, op. cit., dá uma bibliografia completa (como p. 174-196, das análises das contribuições de T. de Duve, G. Didi-Huberman, N. Heinich, R. Rochliz, C. Millet etc.).

[23] Assinalemos, todavia, a crítica de Luc Ferry ("Déclin de l'occident? De l'épuisement liberal au renouveau démocratique" ["Declínio do ocidente? Do esgotamento liberal à renovação democrática"], *Revue européenne des sciences sociales* (Genève), n. 86, dezembro 1989; texto parcialmente retomado, com algumas modificações, em *Homo Aestheticus*, Paris, Grasset, 1990, "LP/biblio/essai", p. 336-342). Neste artigo, Castoriadis foi classificado entre os "denegridores do mundo moderno". Ele era reprovado por não ter compreendido que o que caracteriza a cultura contemporânea, é "sua ausência de referência a um mundo, sua *Weltlosigkeit*", e que isto é assim "precisamente porque ele tende à autonomia". A distinção entre "autonomia do sujeito moderno" e "independência do sujeito contemporâneo" funda toda a argumentação de Ferry sobre este ponto. O leitor consultará com proveito sobre o que "sujeito" e "indivíduo" querem dizer para Castoriadis em "L'état du sujeit aujour'hui" ["O estado do sujeito hoje"] (1986), retomado em *Le monde morcelé* [*O mundo fragmentado*], Paris, Seuil, 1990, p. 189-225; re-edição "Points Essais", 2000, p. 233-280.

[24] Com poucas exceções. Ver, por exemplo, nos Estados Unidos as inquietudes expressas por Harold Rosenberg, *The de-definition of art* (1972); tradução francesa, *La dé-définition de l'art [A des-definição da arte]*, Nîmes, Jacqueline Chambon, 1992.

pois da Segunda Guerra Mundial hoje veem aí sua própria evidência – daqui em diante confrontados nesta opinião por numerosas testemunhas.[25]

Castoriadis constatava em 1978 que, qualquer que fosse o interesse de uma ou outra obra particular, no domínio cultural, a época vivia praticamente apenas sobre o modo da repetição. Dez anos depois seu diagnóstico era mais preciso: que seja a repetição do gesto de ruptura com a tradição – as falsas vanguardas – ou pilhagem incoerente das riquezas do passado nas diferentes formas de recuperação pós-moderna,[26] já que tinha se tornado impossível subestimar "o crescimento do ecletismo, da colagem, do sincretismo invertebrado, e, sobretudo, a perda do *objeto* e a perda do *sentido*, indo ao lado do abandono da pesquisa da forma".[27] Há, para ele, desmoronamento do presente que endivida o passado e o futuro; o passado, porque "aí onde não há presente em mais alto grau não há passado"; o futuro, porque "memória vivente do passado e projeto de um futuro valorizado desaparecem junto".[28] Retornando incansavelmente à necessidade de instaurar uma relação com o passado que não seja nem sujeição a uma tradição, nem divertimento turístico ou de museu, mas retomada e reinterpretação, Castoriadis foi forçado a constatar que a época, "nem 'tradicionalista', nem

[25] Alguns parecem, todavia, crer que é sempre a mesma partida – modernos contra antimodernos – que se joga desde o início do século XX. Como L. Ferry, "Y a-t-il une beauté moderne?" ["Há uma beleza moderna?"], in A. Comte-Sponville e L. Ferry, *La sagesse des modernes [A sabedoria dos modernos]*, Paris, Laffont, 1998. Todas as referências ao texto de 1978 de Castoriadis aqui desapareceram, mas uma leitura atenta mostraria – em certas formulações – que ele não foi inteiramente esquecido.

[26] "A arte pós-moderna prestou um serviço verdadeiramente imenso: fez ver o quanto a arte moderna foi verdadeiramente grande" ("L'époque du conformisme généralisé" ["A época do conformismo generalizado"] (1989), *Le monde morcelé [O mundo fragmentado]*, op. cit., p. 21; re-edição, p. 24).

[27] "La culture dans une société démocratique" ["A cultura em uma sociedade democrática"], retomado em *La montée de l'insignifiance* [O aumento da insignificância], Paris, Ed. Seuil, 1996, p. 204. Evitemos todo mal entendido: malgrado as aparências, não confundiremos a crítica de Castoriadis, mesmo sob suas formas mais abruptas ("a cultura contemporânea é, em primeira aproximação, nula"), com aquela que foi formulada nos anos 1950 por jovens letristas em ruptura com o exílio. Castoriadis, que em sua juventude se interessou apaixonadamente pela aventura surrealista e pelo grande período criador da arte moderna, tenta em 1978 fazer um balanço de uma experiência de quarenta anos passados. Por sua vez, o jovem Debord sabe, desde 1954, que a arte está morta, tendo lido Hegel – "a arte, pelo menos em sua destinação suprema, é para nós algo do passado [...]; ela perdeu para nós sua verdade e sua vida" – e Isidore Isou.

[28] "Trasnformation social et création culturelle" ["Transformação social e criação cultural"], aqui mesmo, p. 14 e 29.

criativa, nem revolucionária (malgrado as histórias que ela mesma se conta a propósito disto), [...] vive sua relação com o passado de um modo que o próprio passado representa como uma inovação histórica, é verdade, mas que é aquela da mais perfeita exterioridade".[29] Situação tanto mais grave que o problema da relação com a cultura é também o problema da relação com os valores – aquilo que valoriza e quer uma sociedade, aquilo que faz com que ela "mantenha junto" (suas grandes significações imaginárias sociais) –, ao mesmo tempo que o problema de seus modos de socialização. A crise da criação cultural no mundo ocidental não é assim senão uma das manifestações do esgotamento da auto-representação da sociedade.[30]

Ele não ignorava de forma alguma que, a arte, como a religião, tendo relação com as crenças fundamentais que asseguram a coesão das sociedades[31], a "grande arte" foi então frequentemente religiosa, como ele era consciente daquilo que, nas sociedades caracterizadas pelo recuo do religioso, a criação democrática, "criação de uma interrogação ilimitada", "abole toda fonte transcendente da significação". Mas ele sabia igualmente que esta laicização não impediu a aparição de uma grande arte profana, em seguida um período de criação cultural extraordinário, que vai das grandes revoluções do fim do século XVIII até a Segunda Guerra Mundial, período de "embriaguez lúcida da pesquisa e da criação do sentido"[32] caracterizado pela "exploração das camadas sempre novas do psíquico e do social, do visível e do audível, para, na e pela exploração e de maneira única, dar forma ao Caos".[33] Contra aqueles que estariam tentados a crer que "a verdade da obra de arte se encontra daqui em diante no artista",[34] ele não cessou de lembrar

[29] "La crise des sociétés occidentales" ["A crise das sociedades ocidentais"], in *La montée de l'insignifiance [O aumento da insignificância]*, op. cit., p. 23.

[30] Ibid., p. 20-23

[31] Ver "Institution de la société et religion" ["Instituição da sociedade e religião"], artigo citado.

[32] "Le délabrement de l'Occident" ["A deterioração do ocidente"] (1991), in *La montée de l'insignifiance [O aumento da insignificância]*, op. cit., p. 64.

[33] "La culture dans une société démocratique" ["A cultura em uma sociedade democrática"], artigo citado, p. 200-202.

[34] Como L. Ferry, "Y a-t-il une beauté moderne?" ["Há uma beleza moderna?"], artigo citado, p. 496. Este autor, em face aos "diagnósticos pessimistas" sobre o "declínio, a derrota ou a decadência da cultura contemporânea", pergunta-se onde encontrar o "material de uma grandeza mo-

que não existe grande arte, nem criador, sem o próprio público em um sentido criador, que "a verdadeira 'recepção' de uma obra nova é tão criadora quanto sua criação". Dimensão coletiva sobre a qual ele retornou com força uma dezena de anos mais tarde afirmando que "[as obras de cultura são criações] que vão além da esfera privada, que têm relação com aquilo que chamo, por um lado, a esfera privada-pública [a esfera aberta a todos, mas onde o poder político não intervém] e, por outro, a esfera pública-pública [aquela das decisões que se aplicam a todos, publicamente sancionadas]. Estas criações têm necessariamente uma dimensão coletiva (seja em sua realização, seja em sua recepção), mas são também o lastro da identidade coletiva. É o que esquecem, seja dito entre parênteses, o liberalismo e o 'individualismo'. É verdade que em teoria e rigorosamente falando, no liberalismo e no 'individualismo', a questão de uma identidade coletiva – de um conjunto no qual possamos, com deferência essencial, identificar-nos, ao qual participamos e com o qual nos preocupamos, destino do qual nos sentimos responsáveis – não pode e não se deve colocar, ela não tem nenhum sentido".[35]

Certos comentadores, tal como Yves Michaud, estimam hoje que a arte não pode ser, nunca foi, um "cimento social", que é mesmo preciso denunciar a "comédia da Grande Arte"; que a situação atual é caracterizada por um processo de "democratização cultural" em que se manifesta a diversidade dos grupos sociais, culturais e artísticos; e que deste modo "formas de

---

derna". O que poderia indicar-nos o caminho é a consideração do "esporte, espetáculo democrático". Exemplo "trivial, tratando-se de uma analogia com a alta cultura? [...] Que pensemos antes nisto: a competição esportiva repousa por excelência sobre os princípios de igualitarismo tão caro ao humanismo moderno. As regras estão aí para todos, os equipamentos dos quais nos servimos também, ao ponto que a 'trapaça', que introduz desigualdades, simboliza aí o crime inaceitável entre todos. Todavia, hierarquias aí se reconstituem sobre uma base puramente humana, e mesmo, é preciso confessá-lo, com certa grandeza. [...] Transcendências parciais, certamente, mas que dá uma imagem - não se trata de nada além disto - da insondável grandeza humana. Por que não a encontraríamos também na cultura e na política?" (p. 500-501). Propósito que o leitor poderá facilmente colocar em comparação com a realidade social efetiva do esporte contemporâneo. Castoriadis teria sem dúvida visto em obra, aqui, mais uma vez, a denegação sistemática do que são efetivamente os diferentes modos de socialização (e de des-socialização, de atomização) na sociedade contemporânea, que se trate de pseudomercado, da "representação" política, da não-educação ou da relação (passiva) com as mídias.

[35] Ibid., p. 75. Mas também, aqui mesmo, p. 27-29, e "La culture dans une société démocratique" ["A cultura em uma sociedade democrática"], artigo citado, p. 200-202.

arte" vão continuar desenvolver-se no seio de "comunidades motivadas". Logo, que vivemos o fim da "utopia da arte" e que basta tomar uma atitude, sem lamentações inúteis. Aos seus olhos, "a ideia de uma Grande Estética para uma Grande Arte é a máquina fictícia e terrorista destinada a negar esta realidade plural dos comportamentos artísticos. Ela é correlata dos empreendimentos para negar a diversidade dos grupos no seio do espaço social".[36] Visão que mistura de maneira estranha pessimismo e otimismo extremos, difíceis de defender e de estimar, a não ser que o pseudomercado, as mídias manipuladas e manipuladoras e os ritos eleitorais cada vez mais negligenciados sejam as únicas formas concebíveis do liame social – porque é preciso de um, entre esses grupos e as comunidades. E que tudo isto vá contribuir para manter uma fecunda diversidade. Castoriadis, manifestamente, não acredita nisso nem um segundo. "Se estas instituições constituem uma coletividade, [as obras de cultura de uma sociedade] são o liame entre seu passado e seu futuro, elas são uma garantia de memória inesgotável, ao mesmo tempo em que era de sua criação futura. É por isso que aqueles que afirmam que na sociedade contemporânea, no quadro do 'individualismo democrático', não há mais lugar para grandes obras, sustentam, sem o querer, um decreto de morte sobre esta sociedade."[37] Poderíamos acrescentar que aqueles que hoje se resignam muito facilmente em acreditar que a grande obra de arte aparentemente se tornou impossível contentam-se com o que acontece hoje com a arte contemporânea ou veem nela um "horizonte inultrapassável", dão de fato ao homem, como escreve André Breton em um outro contexto, uma "ideia derrisória de seus meios". Que eles renunciaram, que eles gostariam de fazer crer que é preciso renunciar definitivamente a "dar uma figura nova à *beleza*".[38]

[36] Y. Michaud, op. cit., p. 266-268. Para Castoriadis, "longe de ser incompatível com uma sociedade autônoma, democrática, a grande arte lhe é inseparável" ("La montée de l'insignifiance" ["O aumento da insignificância"], in *La montée de l'insignifiance [O aumento da insignificância]* op.cit., p. 65). Ele via neste fato uma das razões do "ódio afirmativo do belo" que caracterizou o regime burocrático russo (cf. aqui mesmo, 33-37).

[37] "Le délabrement de l'Occident" ["A deterioração do ocidente"], artigo citado, p. 75.

[38] A. Breton, "Situation du surréalisme entre les deux guerres" ["Situação do surrealismo entre as duas guerras"] (1942), *Œuvres complètes [Obras completas]*, t. III, Paris, Gallimard, p. 725. A propó-

De sua parte, Castoriadis pensava que há uma relação – sem dúvida complexa e enigmática – entre o esgotamento aparente da criatividade cultural ocidental e o recuo do projeto democrático, a fase de letargia política que atravessam essas sociedades. Mas se ele estimava que, malgrado as aparências, "vivemos na fase mais conformista da história moderna", ele sabia também que "seria absurdo crer que teríamos esgotado para sempre o pensável, o factível, o formável, da mesma forma que seria absurdo pôr limites à potência de formação que sempre jaz na imaginação psíquica e no imaginário coletivo social-histórico".[39] Ele queria contribuir, na medida de suas forças, para que esta fase de prostração e de letargia seja a mais curta possível.

As questões de Castoriadis não perderam nada de sua atualidade. Como permanece atual, aliás, o que ele reivindicava: "a afirmação da sociedade e da historicidade positiva como valores de uma sociedade autônoma", escolha "indissociável daquela que nos faz querer uma sociedade autônoma e justa, onde os indivíduos autônomos, livres e iguais, vivem no reconhecimento recíproco. Reconhecimento que não é simples operação mental, mas também, e sobretudo, *afeto*".[40]

E. E., M. G. e P. V.

---

sito de suas relações com o surrealismo, Castoriadis responde, em fevereiro de 1990, a interlocutores britânicos: "Não era para mim um mundo totalmente desconhecido, havia alguns surrealistas gregos e eles me interessavam enormemente; mas só soube verdadeiramente o que se passava quando cheguei à França. [...] De qualquer forma, Breton certamente foi uma das pessoas que mais contaram para mim na época na França. Mas outros surrealistas também desempenharam um papel, como Benjamin Péret, que foi ligado ao Socialismo ou Barbárie, aliás, publicamos um texto dele na revista; ou o jovem Jean-Jacques Lebel, que teve relações muito estreitas conosco" (*Radical Philosophy*, n. 56, outono de 1990, comentário recolhido por P. Dews e P. Osborne; tradução de E. E., M. G. e P. V.).

[39] "La culture dans une société démocratique" ["A cultura em uma sociedade democrática"], artigo citado, p. 203-205.

[40] "Transformation sociale et création cultruelle" ["Transformação social e criação cultural"], aqui mesmo, p. 29-30. Esses comentários soarão talvez de maneira estranha a certos ouvidos. Não resistiremos à tentação de citar aqui Tocqueville: "Só a liberdade [...] pode combater nesses tipos de sociedade [onde 'o desejo de se enriquecer a qualquer preço, o gosto dos negócios, o amor pelo ganho, a procura do bem-estar e dos gozos materiais [...] são as paixões mais comuns'] os vícios que lhes são naturais e os conservar sobre a inclinação em que eles introduzem. Com efeito, não há senão ela que possa retirar os cidadãos do isolamento no qual a própria independência de sua condição os faz viver, para os obrigar a se aproximar uns dos outros, que os reanime e os reúnam cada dia pela necessidade de se entender, de se persuadir e de se agradar mutuamente na prática dos negócios comuns" ("Avant-propos" [Prefácio] de *L'Ancien regime et la revolution [O antigo regime e a revolução]* (1856); grifo nosso).

ÍNDICE

Impressão e acabamento
Gráfica e Editora Santuário
Em Sistema CTcP
Rua Pe. Claro Monteiro, 342
Fone 012 3104-2000 / Fax 012 3104-2036
12570-000 Aparecida-SP